FAUT-IL CROIRE À CE QUE DIT LA BIBLE ?

« Présences du judaïsme »

YAACOV SHAVIT

FAUT-IL CROIRE À CE QUE DIT LA BIBLE ?

traduit de l'hébreu
par Véra et Samuel Lasry,
révisé par Mireille Hadas-Lebel

Albin Michel

Collections « Présences du judaïsme »
dirigées par Menorah/F.S.J.U.

Collection « Présences du judaïsme/poche »
Mireille Hadas-Lebel

« Je me fis assister de témoins dignes de foi… »

Isaïe 8, 2.

PRÉAMBULE

« Prends bien garde à ne pas faire de livres en quantité… » (Ecclésiaste 12, 12). L'auteur biblique anonyme auquel on attribue l'Ecclésiaste est identifié par la tradition au roi Salomon. Aurait-il jamais pu imaginer que l'écriture de livres sur la Bible, en particulier sur la relation entre Bible et archéologie, ou Bible et histoire, allait devenir un jour une industrie florissante produisant à un rythme accéléré de plus en plus de textes en tous genres : exégèses novatrices, traditionnelles ou encore d'inspiration moderne, essais théologiques, analyses littéraires, essais de reconstitution des étapes de la rédaction et de la compilation de la Bible, reconstitutions historiques exhaustives ou partielles de l'époque biblique ? Parmi les ouvrages récents, le public a du mal à discerner ceux qui répondent aux critères exigeants et rigoureux de la recherche scientifique, même si leurs conclusions semblent parfois radicales, voire spéculatives, de ceux qui sont les fruits d'une imagination débridée. Or, ce sont ces ouvrages-ci qui souvent attirent des lecteurs car ils prétendent raconter l'« histoire biblique » ou l'histoire « qui se cache derrière la Bible une fois pour toutes » ; en d'autres termes, élucider toutes les « énigmes » que pose la Bible.

Parce que la Bible reste un livre sacré, un livre fondateur aux yeux des juifs et des chrétiens, elle leur apparaît aussi comme un guide de vie. Ce texte polyphonique, où plusieurs voix se font entendre, est devenu aussi un « livre ouvert », un enjeu d'innombrables discussions offrant un terrain fertile à des lectures et des exégèses diverses au sein des deux religions qui l'ont sanctifié. Il continue d'être depuis deux mille ans un sujet de polémique entre elles : à qui appartient la Bible ? quel est son véritable message ? Les diverses lectures bibliques, les changements intervenus au fil des générations, les combats engendrés par son exégèse et sa compréhension (y compris ses multiples traductions) constituent un élément central de ce qu'il est d'usage d'appeler la civilisation judéo-chrétienne, et reflètent une grande partie des questions fondamentales qui l'ont agitée et l'agitent encore de nos jours.

Il n'est donc pas surprenant que des mots comme « combat » ou « guerre » apparaissent souvent dans les titres d'ouvrages qui traitent de l'histoire de la Bible comme texte dans l'histoire. Ce genre de titres reflète ce que Montesquieu a décrit ironiquement dans ses *Lettres persanes*. Lors d'une visite du Persan Usbek à la Bibliothèque nationale de Paris, le bibliothécaire lui explique que les nombreux ouvrages qui remplissent l'un des rayons sont des commentaires des Saintes Écritures, et qu'il y a autant de sujets de controverse dans ces Écritures que de lignes dans le texte ; il ajoute que les commentateurs n'avaient pas étudié les Saintes Écritures pour apprendre à croire, mais pour y chercher ce qu'ils croyaient déjà :

> C'est un champ de bataille où les nations ennemies qui se rencontrent livrent bien des combats, où l'on s'attaque, où l'on s'escarmouche de bien des manières (lettre 134).

Le bibliothécaire attire ainsi l'attention du visiteur curieux sur un paradoxe : c'est précisément le caractère sacré de la Bible qui l'a transformée en un champ de bataille perpétuel (et il ne s'agit pas seulement d'un affrontement intellectuel). Il est vrai qu'on pourrait aussi bien arguer, selon un point de vue différent de celui de Montesquieu, que si la Bible peut être lue, commentée et interprétée de nombreuses manières différentes, voire totalement contradictoires, et si elle peut répondre à des besoins religieux, politiques et culturels divers et variés, c'est en raison de son statut de texte sacré.

Si Usbek avait visité une bibliothèque de nos jours, le bibliothécaire aurait pu lui montrer des rayonnages remplis d'ouvrages traitant de l'histoire de la Bible, ou de la Bible comme histoire. Ces ouvrages représentent eux aussi un champ de bataille qui oppose des camps rivaux. Dans l'esprit de leurs lecteurs, la Bible est jugée sur un seul critère : est-elle histoire ou fiction ? S'agit-il d'un récit d'événements bâti autour d'un message théologique, qui détermine le contenu du récit, sans qu'il soit utile d'en vérifier la crédibilité ? Et si l'authenticité de l'histoire a de l'importance, les recherches archéologiques peuvent-elles authentifier les récits historiques de la Bible ou, au contraire, risquent-elles de mettre en doute sa véracité ?

Cet ouvrage se propose de traiter de la Bible comme texte dans l'histoire, comme histoire et comme texte historique. La Bible est-elle confirmée par l'archéologie ? Lorsqu'une découverte archéologique liée à la Bible éclaire un problème, clôt un long débat, ou bien apporte une réponse nouvelle à une ancienne question, cela éveille un intérêt passionné, du moins chez une partie des juifs et des chrétiens. Quelques exemples d'articles parus ces dernières années montrent à quel point le sujet a quitté l'arène scientifique pour rejoindre celle de la presse à grand tirage : « La Bible : réalité ou fiction ? Les récits bibliques sont-ils véridiques ? » s'interroge le magazine *Time* en première page, le 18 décembre 1995. *Le Nouvel Observateur* du 22 juillet 2002 publie en couverture une photo de Charlton Heston dans le personnage de Moïse, avec le titre suivant : « Le Déluge, Abraham, Moïse, l'Exode… La Bible – Le vrai et la légende – Les nouvelles découvertes de l'archéologie ». Le numéro de juin 2003 des *Cahiers de Science et Vie* est consacré à l'enquête « La Bible face aux archéologues – La part du vrai, la part du mythe ».

Expliquer la grande popularité de ce sujet, la curiosité, la passion, l'émotion, parfois les protestations de ceux qui condamnent fermement toute critique envers une tradition reconnue et sanctifiée, est chose facile. Cela est dû, bien sûr, au statut de la Bible dans la culture juive et la culture chrétienne occidentale. Le phénomène est pourtant récent, il date des cent cinquante dernières années. Ce n'est que vers la fin du XVIIIe siècle que surgirent des doutes sur l'exactitude de Bible comme document historique, et ce n'est qu'au XIXe siècle que ces doutes touchèrent un public de plus en plus vaste, et commencèrent à ébranler son image. Par la suite, ces remises en question se sont multipliées et ont provoqué (comme nous le verrons plus loin) deux sortes de réactions extrêmes : les uns refusant à la Bible toute crédibilité historique et attribuant la croyance de leurs rivaux à une foi surannée ; les autres affirmant une croyance inconditionnelle et illimitée dans le témoignage historique de la Bible.

Au cours du XIXe siècle, on vit ainsi se dresser deux camps diamétralement opposés : celui des « croyants en la Bible » et celui des « non-croyants » qui rejetaient son autorité et sa valeur historique. Le terme de « croyants » ne s'applique pas, ici, à la croyance dans la révélation, l'inspiration divine et le message théologique de la Bible, ni à l'acceptation des commandements ou de la morale bibliques. Il s'agit seulement de la conviction absolue de l'exactitude et de la crédibilité de la Bible en tant que témoignage historique.

Durant le XXe siècle, les deux camps opposés se sont munis d'armes nouvelles, grâce auxquelles ils ont consolidé leurs positions, tout en se retranchant derrière de nouvelles murailles défensives. Il serait cependant erroné de dépeindre un champ de bataille où seuls ces deux camps s'opposeraient : entre ces deux camps antagonistes se trouve en effet la grande majorité du public aux convictions mitigées. Ce groupe se compose certes de religieux, de juifs ou de chrétiens « confessionnels », mais aussi, en Israël, de laïcs qui, souvent, défendent le statut historique de la Bible aussi farouchement que les juifs religieux.

Je m'efforcerai de décrire ici la formation de ces diverses tendances, et d'expliquer à quel moment et pourquoi la question de la crédibilité de la Bible comme témoignage historique a pris une telle importance, comment elle est devenue la scène d'affrontements violents au sein de cercles spécialisés et du grand public.

Je soulignerai d'emblée, pour ne pas décevoir les attentes du lecteur, que ce livre n'apporte pas de solution magique permettant d'établir une conformité parfaite entre le témoignage historique de la Bible et celui de sources non bibliques, ou bien d'identifier l'historien de la Bible. Cet ouvrage ne prétend pas non plus prouver qu'une telle conformité n'existe pas, ni que l'on ne puisse pas considérer la Bible comme un texte historique. Il n'apportera pas de réponse tranchée. Il vise simplement à atteindre deux objectifs : décrire brièvement pourquoi et quand la question de l'historicité de la Bible est devenue si cruciale et si controversée, et tenter de dévoiler le fondement des divers principes théoriques, méthodiques et paradigmatiques qui s'affrontent.

Je décrirai d'une part l'ensemble des concepts et des hypothèses a priori sur lesquels sont bâtis ces principes et, d'autre part, j'examinerai les preuves et les témoignages qui étayent les convictions de chaque camp. Ces mêmes « faits » peuvent, à mon sens, faire l'objet d'interprétations différentes. Dans ce domaine vaste et complexe d'arguments et de contre-arguments, il convient de se munir d'un guide précieux : le bon sens.

Le lecteur averti sait que les auteurs des diverses théories ne les présentent généralement pas comme des hypothèses, mais bien plus souvent comme des solutions définitives. Au cours des deux derniers siècles sont apparues puis ont disparu quantité de conjectures présentées comme vérité absolue. C'est cela même qui fournit des arguments aux croyants de la Bible : en effet, si les diverses théories se présentent comme un « marché » d'hypothèses concurrentes, alors il n'y a aucune raison d'attribuer plus de valeur et d'importance à telle ou telle. Le « dernier cri » des théories ne tardera pas à être dépassé lui aussi et connaîtra le même sort que les précédentes qui se croyaient définitives : il en restera une simple note marginale dans les annales de la recherche.

Tout historien entreprend sa recherche muni de quelques préalables, et tout lecteur entame sa lecture avec ses propres présupposés. Il est donc clair que la conception du monde, la foi, l'idéologie politique et les intérêts nationaux influencent le rapport à la Bible comme histoire. Toutefois, cela ne permet pas d'invalider a priori une partie au moins de la crédibilité du texte biblique. L'enjeu de ce livre n'est pas de rechercher les motifs visibles ou occultes qui sous-tendent telle ou telle opinion, mais d'essayer d'expliquer les concepts, les hypothèses et les témoignages de chaque modèle de recherche.

L'ensemble des travaux savants sur ce sujet s'apparente à un « océan de livres » qui n'est jamais plein, mais se remplit de jour en jour. Je ne saurais donc citer ici tous les ouvrages consultés qui sont en fait la matière de cet ouvrage ; je ne mentionnerai que quelques références bibliographiques sans nier ma dette envers l'ensemble des ouvrages de recherche. J'ai choisi de ne traiter qu'un nombre limité de sujets qui forment un échantillon représentatif permettant d'analyser les concepts fondamentaux liés au rapport entre Bible et histoire ou, plus exactement, à la question de savoir si la Bible est histoire. Il est important de noter que ce livre traite de l'histoire d'un peuple et d'une terre, et non de l'histoire de la foi hébraïque (le judaïsme ancien) : il s'appuie donc sur les livres bibliques historiques, essentiellement sur les Rois I et II, qui sont considérés comme les livres historiques par excellence.

En fin de compte, pourquoi encore apporter de l'eau au même moulin et grossir ainsi le fleuve des livres existants ? Ce livre se veut simplement un guide qui permettra au lecteur intéressé, non pas de trouver le « droit chemin », mais de ne pas se perdre dans la forêt de conjectures et d'hypothèses, et de mieux connaître leurs tenants et aboutissants afin de mieux pouvoir les juger. En fait, mon propos est d'établir les « règles du jeu » qui régissent le rapport entre la Bible et l'archéologie[1].

---

1. Dans les chapitres suivants, je parlerai du « rédacteur », de l'« historien » ou de l'« éditeur » de la Bible au singulier par commodité. La Bible dont il sera question ici est la Bible hébraïque que les chrétiens appellent Ancien ou Premier Testament.

INTRODUCTION

Le statut de la Bible

L'importance de la Bible en tant que livre saint ou livre des livres ne repose pas sur l'historicité de ses récits. Beaucoup la considèrent comme un texte atemporel ou intemporel. Ce recueil de vingt-quatre livres est devenu, avec le temps, une seule unité textuelle. Les personnages et les actions qui y sont évoqués révèlent des valeurs, des symboles et des comportements humains universels. Goethe affirme qu'en dépit de ses sources diverses et de ses strates d'époques différentes, la Bible présente une unicité car une voix intérieure unique s'y fait entendre : « C'est elle, son poinçon originel, transcendant, absolu, incontestable et infini » ; en outre, ajoute Goethe, elle surpasse en richesse et en profondeur humaines tout autre livre[1]. Ainsi la Bible hébraïque

1. Goethe, *Poésie et vérité*, livre 12.

n'appartient-elle pas à une seule nation, elle est devenue le bien spirituel et culturel de nombreux peuples et de civilisations diverses ; n'a-t-elle pas été traduite en plus de mille cinq cents langues ou dialectes, traductions qui sont en soi une partie de l'histoire de la Bible ? Dans cette perspective, on peut lire la Bible, l'étudier et l'interpréter comme une seule unité textuelle et conceptuelle où fusionnent des voix diverses et variées. La Bible est en soi un univers tout entier.

Cependant, on ne peut ignorer que la Bible a une longue histoire. Tout d'abord sa rédaction s'étale sur plusieurs siècles. Ensuite, la Bible hébraïque a subi un processus de canonisation progressive avant d'être reçue comme un livre sacré par le judaïsme et le christianisme. Enfin, cette sacralisation a ouvert la voie aux interprétations multiples qu'elle a suscitées.

Mais il y a une histoire dans la Bible. Bien que la valeur et la signification de la Bible ne reposent pas forcément sur la vérité de l'histoire du peuple d'Israël à l'époque biblique, on ne saurait négliger cette question. Et ce pour deux raisons : premièrement, parce que le judaïsme (comme le christianisme d'ailleurs) est une « religion historique » fondée sur des événements supposés réels ; deuxièmement, parce que ces événements concernent un peuple particulier (le peuple d'Israël) et ont marqué son comportement, sa conscience et son destin. Aux yeux des croyants, la Bible raconte les interventions de Dieu dans l'histoire, et par conséquent il va de soi qu'elles sont considérées comme une « vérité historique » absolue, car des actes divins accomplis dans l'histoire humaine ne sauraient être de l'ordre de la fiction. Au contraire, pour les non-croyants, la Bible n'est pas l'histoire des actions de Dieu, mais celle d'un peuple écrite tout entière de la main des hommes. On peut donc mettre en doute l'historicité de la Bible ou essayer de dégager quels sont les événements proprement historiques à retenir. Étant donné que la Bible est la seule source pour l'histoire ancienne du peuple d'Israël – et que sans elle, ce peuple, le peuple d'Israël biblique, n'aurait pas d'histoire –, alors on comprendra que son historicité est un enjeu majeur.

Tout dépend de ce que l'on cherche dans la Bible : cherchons-nous une explication aux forces qui agissent dans l'histoire ou bien sommes-nous seulement intéressés par la reconstitution des événements (voire par leur aspect ethnographique) ? Souvent, la Bible n'apporte pas de réponse tranchée. Il y a de nombreux domaines où elle ne nous fournit aucune information, soit parce qu'elle ne s'y intéresse pas, soit parce qu'elle raconte tout autre chose, dans une perspective théologico-historique. Ceux qui cherchent dans la Bible un témoin fidèle de tous les événements rapportés devront se contenter d'une exactitude et d'une précision relatives.

La Bible ne témoigne-t-elle que de la vision du monde de ses rédacteurs ou bien est-elle une source fiable pour la connaissance du passé antique d'Israël comme de celui des peuples voisins et du paysage humain des temps anciens ? Comment savoir si l'« histoire » racontée par la Bible repose sur des « faits » dignes de foi et sur la « vérité historique » ou si elle a pour objet de recréer un passé essentiellement fictif ? L'auteur biblique a-t-il voulu décrire les faits « tels quels » tout en les interprétant selon sa conception du monde, c'est-à-dire selon une perspective sélective et souvent erronée ? Ou a-t-il manqué son objectif d'exactitude par manque de sources complètes et détaillées ? Autrement dit, la Bible est-elle seulement un produit d'Israël soumis à la conception du monde religieuse et historique de ce peuple, ou bien est-elle une source crédible pour connaître la réalité et les coutumes de l'Israël antique et des peuples voisins ?

Sans Bible, pas d'histoire

La réponse est claire : si nous nous contentions des sources extérieures à la Bible, des centaines d'années de l'histoire du peuple d'Israël et de ses voisins sombreraient dans une ère obscure, pauvre en événements. Le Xe siècle avant J.-C. marque la fin d'une période de fortes secousses et de vagues d'émigration qui avaient commencé deux siècles auparavant. La puissance égyptienne affaiblie a connu une période de déclin au cours des Xe et IXe siècles. La documentation de provenance égyptienne s'en est trouvée réduite. Dans cette période, les chefs locaux ont pu se renforcer ou bien des groupes de peuples émigrés ont pu s'unir. Seuls les livres de Josué et de Samuel évoquent cette époque troublée. L'archéologie, quant à elle, nous indique l'existence de villes antiques et l'installation de populations (les Philistins) venues de la mer Égée, mais elle ne nous dit rien des conflits entre ces derniers et les tribus d'Israël ou les villes cananéennes. Quand bien même les exploits de Samson et la lutte de Saül et David contre les Philistins seraient-ils pure fiction, on peut admettre qu'ils sont ancrés dans une réalité historique concrète.

Par ailleurs, nous avons des témoignages archéologiques précis émanant de puissances ennemies à l'époque royale : ainsi l'inscription monolithe du roi assyrien Salmanazar III (– 853) se vante d'une victoire sur le roi d'Israël Achab qui a régné sur la Samarie et le prisme gravé en cunéiforme de son successeur Sennacherib rapporte le siège de Jérusalem par les Assyriens au temps du roi de Juda, Ezéchias (– 701). Les chroniques babyloniennes relatent que le roi Joachin a été conduit en captivité à Babylone par Nabuchodonosor (– 597). Cependant, il est clair que ces brèves mentions retrouvées au hasard des fouilles n'auraient jamais permis de reconstituer toute une histoire. Même ceux qui dénient toute historicité à la Bible et qualifient une telle lecture de « régressive » ne peuvent se passer du tissu narratif de la Bible sans lequel il y aurait un vide. Ainsi la Bible reste le seul récit qui inscrit l'histoire de la terre d'Israël dans le cadre général de tout le Moyen-Orient antique.

Nous partons donc du principe que la Bible évoque des événements historiques et qu'elle n'est pas une œuvre littéraire à fins religieuses. La Bible n'est pas seulement une histoire mais l'Histoire. L'évocation du passé proche ou lointain n'a pas pour seule raison d'être la transmission d'un message théologique ou idéologique quel qu'il soit, c'est la création d'un tableau continu du passé d'un peuple auquel on attribue un sens. Dans ses récits historiques, la Bible se veut histoire ; elle évoque des périodes diverses distantes l'une de l'autre, et regroupe différents types d'écriture historique. C'est pourquoi les généralisations radicales dans un sens ou dans un autre pèchent par excès, car elles ne tiennent pas compte de la richesse du texte biblique conçu comme histoire.

Bible et archéologie

Au cours des XIXe et XXe siècles, l'archéologie a fait son apparition et connu un grand essor. L'archéologie du Proche-Orient ancien a été perçue d'emblée comme un domaine de recherche destiné non seulement à illustrer la Bible mais à prouver l'authenticité et la fiabilité des épisodes historiques qu'elle rapporte. Des documents d'origines diverses provenant des entrailles de la terre, des fouilles ou des archives de villes conquises, ont servi de témoignages extra-bibliques, donc essentiels quant à l'historicité du récit biblique. Ils offraient également un cadre réaliste, un paysage, une culture concrète authentifiant les descriptions de la Bible.

Or, petit à petit, le XXe siècle a vu s'ébranler la confiance mise dans l'archéologie pour confirmer le statut historique de la Bible. Les plus extrêmes rejetaient sa crédibilité historique au point de séparer la Bible de l'archéologie ou de l'histoire. Selon une version plus modérée qui représente la voie moyenne dans la recherche, on tentait de puiser dans la Bible des germes de « vérité historique ». Cette remise en question provenant de courants idéologiques et intellectuels variés (qu'on a pu regrouper sous le concept flou de postmodernisme) a produit un autre bouleversement : à la question de savoir ce qu'enseigne le texte biblique sur le passé ou bien ce qu'on y apprend du passé, s'est substituée celle de savoir comment le récit biblique construit une image du passé et ce qu'il nous enseigne du présent à partir duquel est rédigé le récit du passé. Les efforts du chercheur tentent alors de reconstituer les circonstances et les causes qui ont présidé à l'« invention » du passé ainsi que les différentes étapes de cette invention. Pour ce type de chercheur, ce n'est pas la Bible en tant qu'histoire, mais l'histoire du texte biblique qui constitue l'essentiel.

Trois conceptions de la Bible en tant qu'histoire

Trois grandes conceptions s'affrontent en ce qui concerne les rapports entre la Bible et l'histoire. La première ne reconnaît que l'autorité du texte biblique, et rien en dehors de lui. Dans cette perspective, le texte a une vie propre et constitue un univers qui existe par lui-même sans qu'il ait besoin d'une confirmation extra-biblique puisque la Bible dit vrai, toujours. Telle est la position des fondamentalistes, mais aussi de certains juifs ou libres-penseurs pour qui « la Bible s'éclaire de sa propre lumière », autrement dit : il suffit de savoir la lire correctement pour y puiser la « vérité historique ». La seule différence entre les uns et les autres est que les premiers considèrent la Bible et la littérature rabbinique comme un tout unique et voient dans l'exégèse traditionnelle le commentaire autorisé de la Bible, tandis que les autres considèrent la Bible comme une source historique authentique qui ne réclame aucun autre commentaire postérieur, elle « s'éclaire par elle-même ».

La deuxième conception a recours aux sources extérieures à la Bible pour confirmer que les faits évoqués se sont réellement produits et que les personnages sont de véritables figures historiques. Elle vise à établir une correspondance absolue, ou du moins partielle, entre les sources non bibliques – dont les découvertes archéologiques – et le récit biblique. Dans cette optique, on reconnaît les diverses strates de rédaction tout en restant convaincu que le texte biblique renferme des témoignages historiques authentiques et dignes de foi.

La troisième tendance est celle du non-croyant qui, sans se préoccuper de l'autorité ou de la crédibilité de la Bible en tant qu'Écriture sainte, remet en cause l'autorité et la crédibilité de ses rédacteurs, de sorte qu'il ne reconnaît aucun lien entre le texte biblique et l'histoire ou la réalité décrite. La Bible appartient au monde du croyant tandis que l'histoire est le domaine du chercheur épris de sens critique scientifique. Pour ce dernier, la seule source historique fiable relative à l'époque biblique demeure l'archéologie.

Si l'on examine la valeur historique du texte, il est clair que l'auteur biblique ne fait aucune distinction entre les « faits historiques » et les récits légendaires ou les miracles ; l'intervention de Dieu dans l'histoire est partie intégrante de sa narration. Pour le chercheur et une grande partie des lecteurs modernes, il faut distinguer le transcendantal et le surnaturel dans le récit. Par exemple, s'ils consentent à considérer les Patriarches – Abraham, Isaac et Jacob – comme des êtres en chair et en os et non pas comme des figures éponymes, ils n'attribueront pas un caractère historique aux apparitions de Dieu aux Patriarches, à la visite des anges sous la tente de Sarah, ou à l'échelle de Jacob. Or, sans cette dimension, le récit des Patriarches perd de son sens profond ; sans la dimension transcendantale, la

Genèse serait réduite à l'histoire d'une famille, à une généalogie locale. Aucune découverte archéologique ne pourra jamais apporter de confirmation à cette dimension du récit biblique.

Les livres des Rois en question

Nous avons choisi de centrer cette étude sur les deux livres des Rois, ce qui exige une explication. Ces textes narratifs d'inspiration théologico-historique recouvrent trois siècles riches en événements. Leur crédibilité n'avait pas été mise en cause jusqu'à une date récente, pas plus que celle des autres livres qualifiés d'« historiques » (Josué, Juges, Samuel I et II) qui n'étaient pas présentés comme objets de révélation mais comme écrits de main d'homme. Jusqu'au début du XIXe siècle, on ne faisait d'ailleurs aucune distinction entre histoire et légendes dans Josué, Juges et Samuel. Le scepticisme dont sont maintenant entourés ces écrits a fini par atteindre les livres des Rois, de sorte que c'est toute la question de la crédibilité historique de la Bible qui est désormais posée.

Le débat sur l'historicité de la Bible revêt un caractère à la fois religieux, intellectuel, culturel et politique, non seulement en raison du développement de l'approche scientifique critique à l'époque contemporaine, mais pour des raisons idéologiques, car la Bible, perçue comme histoire du peuple d'Israël en terre d'Israël, est le fondement du sionisme moderne qui considère le retour du peuple à sa terre – sa patrie historique – comme un « retour au passé ancien » fondateur d'un État souverain. Elle est aussi la seule « histoire nationale » écrite du Proche-Orient ancien.

I

QUAND LES PIERRES SE METTENT À CRIER

La rencontre décisive et fondatrice entre Bible et archéologie, qui remplit de stupeur le monde chrétien et juif, se produisit en 1872 dans les couloirs du British Museum de Londres. Il y eut, certes, d'autres découvertes spectaculaires dans les annales de l'archéologie de l'Orient antique, mais, en ce qui concerne la Bible, il s'agit là d'un moment majeur.

L'épopée de Gilgamesh

Comme cette histoire a été souvent racontée, je n'y reviendrai que brièvement. Un jour de mai 1872, au cours de son travail routinier, George Smith, aide-conservateur au département d'antiquités orientales et jeune chercheur chargé de répertorier les tablettes d'argile parvenues au British Museum en provenance de fouilles conduites à Ninive dans le palais du roi assyrien Assurbanipal (– 668 à – 628), découvrit sur l'une des tablettes un récit qui ressemblait de manière saisissante à celui du récit du Déluge dans la Genèse.

Ce récit est désormais connu sous le nom d'« épopée de Gilgamesh ». Après de multiples aventures, un héros nommé Gilgamesh[1] atteint un pays éloigné où vit le seul homme devenu immortel, Ut-napishtin. Celui-ci raconte comment il a échappé à la colère des dieux qui, agacés par le bruit des hommes, avaient pris la décision secrète de déverser un déluge sur la terre afin de détruire l'espèce humaine. Le dieu Ea, qui veut sauver Ut-napishtin, lui ordonne de faire construire un grand bateau sans révéler aux autres hommes la raison de ses préparatifs. Ut-napishtin s'embarque alors :

Tout ce que j'avais, j'en chargeai (le bateau) :
Tout ce que j'avais d'argent, je l'en chargeai,
Tout ce que j'avais d'or, je l'en chargeai,
Tout ce que j'avais comme êtres vivants, je l'en chargeai,
Je fis monter sur le bateau les parents et les familles,
Les animaux domestiques et sauvages, les artisans de tous métiers, je les y fis monter.

Tablette 11, 80-85.

Une fois tout ce monde à l'abri arrive le moment fatidique :

1. C'est le nom d'un personnage historique, le cinquième roi de la première dynastie sumérienne d'Uruk à l'est de l'Euphrate.

Pendant six jours et sept nuits,
Le vent persista, l'ouragan diluvien écrasa la terre,
Quand arriva le septième jour, l'ouragan diluvien sévissait
Comme une lutte à mort qu'on se livre entre combattants
Alors la mer se calma et se tut, le mauvais vent diluvien cessa.

Tablette 11, 127-131[1].

Quand le bateau accoste enfin au mont Nicir, Utnapishtin envoie des oiseaux en reconnaissance : d'abord une colombe qui revient, puis une hirondelle qui fait aussi demi-tour, et enfin un corbeau qui ne revient pas.

Lors de l'assemblée générale de la Société d'archéologie biblique, qui se réunit le 3 décembre 1872 à Londres, l'annonce de la découverte provoqua une émotion considérable, dont les échos retentirent dans tout l'Occident, et fit naître ce qu'un érudit allemand a appelé la « théorie des pierres qui crient » par référence à Habacuc (2, 11) : « Oui, une pierre criera du mur et du bois lui répondra une poutre » et à l'Évangile de Luc (19, 40) : « Je vous dis, les pierres crieront ».

Malgré de notables différences, les similitudes de ce récit et des chapitres 6 à 9 de la Genèse étaient

1. *L'Épopée de Gilgamesh*, édité par R.J. Tournay et A. Shaffer, Paris, Le Cerf, 1994, pp. 230 et 233-234.

frappantes. À quel texte fallait-il accorder l'antériorité ? Le camp des croyants de la Bible était convaincu que la fracassante découverte archéologique de Ninive prouvait la véracité de la Genèse : les pierres, ou plus exactement les tablettes d'argile, où étaient gravés les textes en akkadien, annonçaient avec éclat : « La vérité germera de la terre » (Psaumes 85, 12).

L'apport de l'assyriologie

Les découvertes opérées lors des fouilles entreprises dans les années qui suivirent à Ninive et dans d'autres sites de Mésopotamie parurent un temps apporter la confirmation, non seulement de l'historicité du Déluge, mais aussi de l'existence des Patriarches (issus de Mésopotamie, selon la Bible). Il n'est donc pas surprenant que toute nouvelle sur les fouilles en Mésopotamie se soit répandue à la vitesse de l'éclair dans le public occidental cultivé. Certains y virent un miracle, voire la main de Dieu : la science – ici l'archéologie – avait pu extraire des entrailles de la terre des trésors précieux provenant d'un monde perdu et oublié qui renaissait au grand jour afin de raconter sa grandeur et ses exploits ; cette science avait même pu décrypter sa langue, et donc les faire parler. L'archéologie venait de faire pénétrer l'homme moderne dans le monde de l'homme du passé – dans sa ville, dans son palais, dans son sanctuaire et dans sa bibliothèque, porte d'entrée de son monde spirituel et culturel – et l'émerveillement causé par cette découverte fut considérable.

Les découvertes de Mésopotamie semblaient apporter la preuve irréfutable que la Bible disait vrai. Désormais, proclamèrent les croyants de la Bible, tous les hérétiques, c'est-à-dire les athées et ceux qui se réclamaient de la discipline philologique appelée « haute critique biblique », n'allaient plus pouvoir émettre de doutes sur la véracité des Saintes Écritures, et répandre ces doutes dans le public. Les témoignages extra-bibliques qui émanaient des vestiges des villes des grands royaumes de Mésopotamie annonçaient le retour à la foi dans la Bible ; une foi désormais fondée sur la science. Miracle des miracles : la science, ce fruit de la sagesse que Dieu avait octroyée aux hommes, allait mettre fin à l'hérésie arrogante qui se prévalait de la science.

Les trouvailles archéologiques envoyées d'Irak aux musées d'antiquités de Londres, de Paris ou de Berlin ne furent pas appréciées au début comme des sources permettant d'étudier une ancienne civilisation dont on ne savait rien jusque-là. Smith, ses collègues et son public étaient intéressés par la Bible et non par l'histoire de Babylone ou de l'Assyrie. Ce n'est que plus tard que la recherche sur les anciennes civilisations de la Mésopotamie – Sumer, Assyrie, Babylone – se libéra de l'emprise de la Bible, et devint un domaine de recherche indépendant appelé assyriologie – parallèle à l'égyptologie, antérieure à elle –, quand le monde occidental manifesta le désir de découvrir les sources anciennes des grandes civilisations anciennes d'Égypte et de Mésopotamie. Cependant, au moins en ce qui concerne les biblistes, l'intérêt pour ces civilisations reste lié à la Bible. On s'attachait à étudier le rapport entre la Bible et la littérature mésopotamienne, et l'influence possible de la civilisation mésopotamienne sur le peuple hébreu, sa culture et sa littérature à l'époque biblique. Suivant la théorie la plus extrême, la religion et la culture de l'Israël antique auraient subi l'influence de la Mésopotamie. Selon une théorie plus modérée, cette influence sensible dans des domaines divers resterait limitée. Dans tous les cas de figure, on était d'avis que les découvertes archéologiques en Mésopotamie pouvaient éclairer des passages obscurs du texte biblique et décrire son cadre historique.

Le verdict des « monuments »

Que disaient vraiment les « pierres qui criaient » ? Apportaient-elles la preuve décisive et irréfutable de l'historicité de la Bible, comme le pensait le camp, optimiste ou naïf, des croyants de la Bible ? Ces mêmes pierres – c'est-à-dire les découvertes archéologiques – pouvaient aussi raconter une histoire toute différente, qui ne correspondait pas au récit biblique, ou même le remettait en question, le contredisait, apportant ainsi de l'eau au moulin des « hérétiques ». La découverte de Smith, ainsi que d'autres découvertes archéologiques de la fin du

XIXe siècle, ouvrirent le débat sur l'interprétation des fouilles et sur tout ce qui touche à leur compréhension dans un contexte historique et culturel plus large. Encore presque cent cinquante ans plus tard, on débat sur la question de savoir si l'archéologie est un instrument « constructif » ou bien « destructif », en d'autres termes si la recherche archéologique confirme la Bible ou l'infirme. Quel est le verdict des « monuments » ? demandait un érudit britannique. Les fouilles archéologiques apportent-elles la preuve ? Les Patriarches, Abraham, Isaac et Jacob, sont-ils des personnages historiques, ainsi que Moïse, David et Salomon ? Chaque détail du tableau biblique peut-il être vérifié ou n'est-ce qu'une structure du récit ? Le dernier débat en cours porte sur l'existence, à partir du Xe siècle avant J.-C., d'un royaume d'Israël unifié qui se serait ensuite scindé en deux royaumes séparés et rivaux – Israël et Juda.

Pour répondre aux questions soulevées, il convient tout d'abord de rappeler quelques caractéristiques de la nature du texte.

Ce que l'on appelle la Bible est un recueil de livres écrits sur une très longue période. Il est communément admis depuis environ deux cents ans qu'une partie de ces livres ont connu plusieurs étapes d'élaboration. Les ajouts et les remaniements ont été effectués sur le même texte et autour de la même structure littéraire, il ne s'agit pas de textes indépendants. Autrement dit, tout ce que nous avons conservé sur la « période biblique » est uniquement le texte biblique. D'autres écrits, notamment des annales mentionnées dans le texte, n'ont pas survécu. Ajoutons que les auteurs des textes historiques de la Bible – et plus encore les auteurs deutéronomistes auxquels la critique attribue non seulement le Deutéronome mais aussi les livres de Josué jusqu'au deuxième livre des Rois – avaient une vision théologico-historique du monde qui considérait les événements historiques comme reliés entre eux et orientés par une volonté supérieure.

Il y a au moins quatre raisons qui ont pu faire douter de la véracité du récit biblique :

1. le texte se rapporte à une période antérieure de plusieurs centaines d'années à sa rédaction ;
2. le texte a subi des modifications et une mise en forme ;
3. les sources sont impossibles à discerner ;
4. le texte reflète une conception du monde particulière, ce qui invalide son exactitude et son objectivité.

Ces doutes n'ont rien d'étonnant. La Bible ne donne pas un exemple unique d'un passé revu à la lumière d'une idéologie. Cela ne la disqualifie pas a priori en tant que telle. Tout historien est influencé par son présent lorsqu'il décrit le passé, encore faut-il distinguer entre histoire et passé : l'histoire veut représenter la réalité historique concrète et le passé recueille l'image du passé, la manière dont l'histoire a été modelée par la mémoire et l'écriture. On peut certes aussi trouver de l'histoire dans la Bible, et pas seulement du passé, car tout passé est inclus, d'une manière ou d'une autre, dans l'histoire, mais quelle est la part d'histoire proprement dite ? En d'autres termes, quelle crédibilité accorder à ce qui se présente comme histoire ? Il convient de distinguer entre diverses sortes de « faits historiques » et diverses parties du « récit historique ». Ainsi l'existence d'un roi nommé Salomon pourrait être un fait historique, mais le récit concernant son règne et ses hauts faits relève plus d'une fiction littéraire (semblable au roman d'Alexandre le Grand ou à la geste de Charlemagne). Selon que nous nous contenterons de l'authenticité de certains faits historiques, ou que nous attendrons la confirmation de tout le récit historique, cela déterminera ce que nous désirons entendre et les « pierres qui crient » nous parleront différemment. S'agissant de la Bible, l'enjeu est autrement plus important que pour Hérodote, Thucydide ou Tacite.

La Bible est-elle histoire ou passé ? La nécessité de prouver la crédibilité historique de la Bible à partir de sources extérieures a suscité un grand enthousiasme pour les découvertes archéologiques sur l'Orient antique, faisant de l'archéologie une partie indissociable de la recherche biblique.

II

À LA RECHERCHE D'UN PASSÉ ANCIEN

Le siècle de l'histoire

Le XIXe siècle aura été le siècle de l'histoire, celui où l'historiographie est devenue une discipline scientifique et universitaire prestigieuse recourant à des sources originales de types variés et cherchant à établir non seulement la réalité des faits, mais aussi les causes et les mobiles des événements historiques. L'histoire a fourni une source de légitimité, de révélation sur la genèse des peuples, sur les origines de leur culture individuelle, et leur attachement à un territoire spécifique. Désormais la conscience de la continuité historique d'un groupe humain particulier donnait à ses membres le sens de l'appartenance et formait son identité ; on ne pouvait connaître ni reconnaître cette appartenance et cette identité qu'à travers l'expérience historique commune. Ainsi l'histoire conservait et modelait la mémoire collective sans laquelle un groupe social ne pouvait exister ; elle représentait le ciment qui unissait le groupe, définissait son caractère, façonnait son destin et lui offrait un futur. L'histoire devint donc souvent, de ce fait, un champ de bataille où les différentes factions de la société cherchèrent et trouvèrent une justification à leur idéologie. En conséquence, aux côtés de la discipline universitaire soumise à la rigueur et aux règles de la recherche, a fleuri une fiction historique qui ne s'est pas toujours contentée de découvrir un passé ancien, mais est allée parfois jusqu'à l'inventer.

C'est ainsi qu'au XIXe siècle l'archéologie (ou plutôt l'ethno-archéologie) est devenue, en Europe, un instrument d'invention qui s'est étendu par la suite aux peuples des autres continents. Qui peut offrir à une nation un passé plus ancien et plus exemplaire que l'archéologique qui extrait de la terre les vestiges réels et tangibles de ce passé ? Et qui mieux que l'archéologie peut témoigner des réalisations d'anciennes civilisations dont s'est nourrie la culture européenne ?

Deux importants domaines de recherche nés au XVIIe siècle se sont aussi développés au cours du XIXe siècle : le premier est la recherche philologico-historique qui vise à évaluer l'authenticité et la crédibilité des récits anciens, le second est la recherche sur les mythes et légendes de l'Antiquité.

Abraham et Agamemnon

Quand le commerçant en céréales et archéologue amateur allemand Heinrich Schliemann découvrit le site de Troie sur la rive asiatique de la Turquie entre 1871 et 1890, on crut tenir la preuve formelle que l'*Iliade* d'Homère avait un fondement historique, et donc qu'Agamemnon, roi de Mycènes, le chef de l'expédition guerrière des Grecs contre Troie, était bien un personnage historique, ainsi que Ménélas ou Ulysse.

De même, quand le sol de la Mésopotamie commença à livrer ses secrets à partir du milieu du XIXe siècle, et surtout quand sir Leonard Woolley, en 1925, découvrit de véritables trésors datant du troisième millénaire sur le site d'Ur en Chaldée, la ville natale d'Abraham, on crut marcher sur les traces des Patriarches. Ainsi donc on possédait des témoignages confirmant qu'Abraham était un personnage historique !

Pour un juif, un chrétien ou un musulman élevés dans la tradition, Abraham est une partie indissociable de sa conscience du passé, une figure présente dans sa mémoire historique – soit à travers la Bible, soit à travers la littérature homilétique. En quoi y aurait-il lieu de s'émouvoir de preuves apportées par des sources extérieures au monde de la Bible et de la littérature exégétique pour qui le caractère historique d'Abraham ne fait pas de doute, pas plus que celui de l'Exode ou du règne de David ?

Il y a cependant un risque à considérer l'archéologie comme le *témoin de la défense* de la Bible : ne pourrait-elle pas un jour se transformer en un *témoin à charge* contre la Bible, d'autant plus irréfutable que son autorité avait été admise antérieurement ? Plus généralement, en quoi des documents découverts dans des archives anciennes de peuples païens disparus depuis de nombreuses générations seraient-ils plus crédibles que les témoignages de la Bible et des Sages d'Israël ? La Sainte Bible a-t-elle vraiment besoin de l'aval de ces documents ?

L'enthousiasme provoqué par ces découvertes archéologiques tient, chez les protestants, à leur constante fidélité envers la *sola Scriptura*, l'Écriture telle qu'elle est, sans recours aux commentaires, et chez les juifs à des changements importants – voire révolutionnaires – quant au statut de la Bible dans certains cercles en Europe de l'Ouest, puis de l'Est. Dans le courant du XIXe siècle, la Bible est devenue, pour une partie de ce public, un livre plus important que la littérature talmudique. Elle est alors considérée comme le livre fondateur, le représentant « authentique » de l'esprit du judaïsme, la source des annales du peuple juif, c'est-à-dire l'histoire de l'ancien Israël. La Bible est remplie des traditions « que nous ont contées nos pères » (Juges 6, 13), et il est un devoir de les transmettre de génération en génération. La question de la véracité de la Bible prenait désormais une importance décisive.

Dès lors que la Bible est perçue comme l'histoire de l'époque biblique – qui est elle-même le passé ancien « classique » et fondateur du peuple d'Israël sur la Terre d'Israël –, il est impensable que ce passé fondateur ne soit qu'une légende, un mythe ayant acquis un statut historique. Un peuple consolidé en nation se doit d'avoir un passé historique *qui ait réellement existé*. De ce point de vue, la véracité du personnage d'Agamemnon dans l'*Iliade* ne peut se comparer à celle du personnage biblique d'Abraham. En effet, Abraham est le père des Hébreux à qui l'Éternel s'est révélé et a ordonné de partir vers la terre de Canaan, en lui promettant : « C'est à ta postérité que je destine ce pays » (Genèse 12, 7). Or, si Abraham n'est pas un personnage historique, c'est la promesse divine et tout ce qui en découle qui risque de s'effondrer. Prétendre qu'Hérodote aurait inventé ses récits, c'est s'attaquer seulement à Hérodote ; prétendre que l'auteur biblique aurait inventé ses récits, c'est s'attaquer à la conscience historique collective et au pilier central d'une tradition sanctifiée.

Le tournant du XIXe siècle

C'est à partir du XIXe siècle qu'on assiste à une remise en question de la valeur historique de la Genèse. Or, même pour un juif moderne et émancipé, la Genèse renferme une histoire réelle de la période fondatrice du peuple juif qui ne saurait être reléguée au rang des légendes et de la mythologie. La recherche moderne lançait un défi tout à fait nouveau. Un juif orthodoxe et conservateur pouvait se permettre d'ignorer cette recherche au profit de la foi et de la tradition. En revanche, un juif orthodoxe moderne, et plus encore un juif libre-penseur se devaient d'affronter les conclusions de la recherche, non seulement du point de vue de la foi, mais aussi du point de vue de l'histoire *positive*. En d'autres termes, ils devaient tenir compte de preuves externes à la Bible. Il leur fallait donc s'efforcer de « recruter » la science en faveur de la foi et la tradition, ce qu'ils n'auraient pas fait s'ils n'avaient été convaincus que la science, la tradition et la foi allaient de concert.

C'est précisément sur ce plan que se situe la révolution spectaculaire dans la conscience historique d'une grande partie du monde juif, ainsi que du monde chrétien pour qui le récit historique de la Bible allait de soi et s'enchaînait avec le Nouveau Testament. Certes, on peut affirmer avec raison que l'histoire avait toujours été le fondement de la conscience collective juive et de l'identité du peuple. La Bible n'ordonne-t-elle pas aux enfants d'Israël de se souvenir et de raconter de génération en génération certains événements majeurs commémorés lors des grandes fêtes juives ? En revanche, il n'a jamais été question de se souvenir, par exemple, des annales du royaume de Juda et de les raconter à leur tour. Cependant, aux yeux d'un groupe de plus en plus important de juifs modernes, non religieux, la Bible n'est pas seulement la Torah de Moïse, ou la morale des Prophètes, elle n'est pas seulement l'histoire sainte, elle est aussi l'histoire d'une époque – l'époque formatrice du peuple. Ces juifs commencèrent donc à accorder une grande importance à de nombreux chapitres d'histoire biblique, même dépourvus de signification religieuse, parce qu'ils faisaient partie de l'histoire nationale.

La révolution dans la conscience historique de ce groupe non orthodoxe ou non traditionnel ne s'arrête pas là ; pour lui, la Bible a été écrite par des hommes, et le Pentateuque même est une œuvre humaine. La crédibilité des témoignages historiques bibliques ne découle donc pas de la foi en une révélation divine, ni de l'autorité que leur accorde la tradition rabbinique, mais elle tient à la fiabilité des auteurs. Or, si les auteurs de la Bible étaient des hommes, qu'est-ce qui garantit leur fiabilité – le fait qu'ils furent des témoins oculaires, ou qu'ils s'appuyèrent sur des sources dignes de foi ? D'où l'importance de confirmer leur crédibilité par d'autres sources.

Pour les tenants de ce groupe, il y avait lieu de distinguer ce qui apparaissait comme un mythe (par exemple, le récit du Déluge) ou une tradition légendaire (la vie des Patriarches) de l'histoire que l'on pouvait confirmer à l'aide de preuves non bibliques. Cette démarche intellectuelle amenait à stratifier les diverses couches de la Bible. Le soin de démontrer la vérité des récits de la Création et du Déluge, par exemple, était laissé aux fondamentalistes, mais on partait vaillamment à la défense du récit de la sortie d'Égypte, de l'installation des tribus d'Israël au pays de Canaan et de l'époque de la royauté.

Pour comprendre la profondeur du changement survenu dans le courant du XIXe siècle, nous devons remonter à une époque bien plus ancienne. Nous ne pouvons affirmer avec certitude quels aspects du récit faisaient partie de la conscience historique du juif de l'ère biblique. De même, nous ne pouvons pas savoir combien de contemporains de l'époque du premier Temple avaient lu les livres inclus dans la Bible ou connaissaient leur contenu. Nous ne pouvons pas non plus savoir ce que ces livres avaient de commun avec d'autres traditions historiques contemporaines ou avec la mémoire collective de ce temps. Il n'en demeure pas moins certain que le peuple d'Israël, au temps de la Bible, avait quelques traditions historiques communes. En ce temps-là, les livres de la Bible qui existaient déjà n'étaient pas considérés comme des écrits saints auxquels il était interdit d'apporter des corrections ou des modifications. La notion d'Écriture sainte n'est apparue que beaucoup plus tard. Ainsi que le dit Ernest Renan :

> La haute antiquité n'avait pas l'idée de l'authenticité du livre ; chacun voulait que son exemplaire fût complet et y faisait toutes les additions nécessaires pour le tenir au courant. À cette époque, on ne recopiait pas un texte : on le refaisait, en le combinant avec d'autres documents. Tout livre était composé avec une objectivité absolue, sans titre, sans nom d'auteur, incessamment transformé, recevant des additions sans fin[1].

Pour les générations qui suivirent le « retour à Sion », et durant toute l'époque du second Temple, les écrits bibliques façonnèrent la conscience historique du peuple d'Israël et son image du passé. Le peu-

1. E. Renan, *Œuvres complètes*, vol. VI, p. 520.

ple d'Israël n'eut, ni à cette époque ni durant les siècles suivants, d'autre histoire, complète ou partielle, que celle que lui offrait la Bible. Il n'est donc pas étonnant qu'en réponse aux calomnies qui circulaient de son temps, notamment sur la sortie d'Égypte, l'historien juif du Ier siècle, Flavius Josèphe, ait souligné que le peuple juif, contrairement aux Grecs, avait une histoire unique sans divergence aucune :

> Il n'existe pas chez nous une infinité de livres en désaccord et en contradiction mais vingt-deux[1] seulement qui contiennent les annales de tous les temps et obtiennent une juste créance […] Les faits montrent avec quel respect nous approchons nos propres livres. Après tant de siècles écoulés, personne ne s'y est permis aucune coupure, aucun changement[2].

Flavius Josèphe rappelle aussi que, même dans les générations qui ont suivi Thucydide, aucun historien n'osa entreprendre l'écriture des diverses traditions pour en tirer un récit unique de l'histoire ancienne des Grecs. Saint Augustin écrit dans le même esprit que les auteurs grecs ne concordent pas entre eux et qu'ils furent incapables d'établir une version autorisée de la littérature historique[3].

---

1. Tel était le décompte de son temps. Actuellement la Bible hébraïque en dénombre vingt-quatre.
2. Flavius Josèphe, *Contre Apion* I, 38 et 42, trad. Léon Blum, Paris, Les Belles Lettres, 1930.
3. *La Cité de Dieu*, livre XVII, 42.

En hommage à la vérité, Flavius Josèphe lui-même présente en grec à des lecteurs grecs ou romains, dans ses *Antiquités juives*, une version retouchée de l'histoire biblique où il inclut diverses additions. De plus, à des fins apologétiques, il relève par exemple que certaines traditions dans le livre de la Genèse sont confirmées par les écrits historiques d'anciens peuples d'Orient, et il cite deux témoignages « archéologiques » : pour éviter que ne se perde la science des corps célestes de l'organisation de l'univers, Adam aurait érigé deux stèles dont l'une subsisterait encore[1] ; quant aux restes de l'Arche de Noé, les Arméniens les montrent encore sur leur plus haute montagne[2]. Parfois cependant, Flavius Josèphe éprouve le besoin de nuancer ses propos en recourant à la formule : « Chacun pensera comme il le désire sur ce sujet », car il se souciait de présenter l'histoire du peuple juif et sa religion à un public non juif afin de lutter contre l'ignorance et les préjugés, mais il ne visait certainement pas un public juif.

La Bible, source unique

Pendant des siècles, il n'exista d'autre ouvrage historique sur les annales du peuple juif que la Bible elle-même. À partir de la période hellénistique et

1. Flavius Josèphe, *Antiquités juives* I, 70-71.
2. *Ibid.*, 92-93.

romaine, certains livres firent l'objet d'une « écriture historique créatrice » ; on y introduisit des éléments nouveaux, mais sans porter atteinte à la source elle-même. Dans la littérature midrachique, de nombreux récits bibliques furent transformés en *exempla*, c'est-à-dire en récits moraux ou exemplaires. Il s'y mêla de nombreux éléments anachroniques sans souci de chronologie car, dans le monde des Sages d'Israël, on n'attribuait pas d'importance à l'aspect historique de la Bible et on n'essayait pas du tout d'évaluer la Bible selon des sources externes. La question de la crédibilité de la Bible ne pouvait même pas venir à l'esprit des juifs de ce temps, car elle allait de soi pour eux, de même que pour les adeptes de la nouvelle religion, le christianisme, pour lequel le récit historique rapporté par les Saintes Écritures était une vérité divine. L'islam non plus ne remit pas en question la tradition historique biblique. Si les commentateurs musulmans crurent trouver des erreurs, des omissions, et même des falsifications intentionnelles attribuées surtout à Esdras le Scribe, avec l'intention préméditée d'occulter une vérité dérangeante pour les juifs, eux-mêmes ne niaient ni l'existence de la vie des Patriarches, ni la sortie d'Égypte, ni le règne de David et Salomon. Ainsi, le poète et philosophe juif Juda Halévi (vers 1040-1080) pouvait se permettre, dans son *Kouzari,* de faire dire au sage musulman les paroles suivantes :

> Notre livre n'est-il pas rempli des histoires de Moïse et des enfants d'Israël ? Personne ne peut nier ce que

> Dieu a fait au Pharaon, qu'Il a partagé la mer Rouge, sauvé celui à qui Il avait accordé Sa grâce, noyé celui qu'Il poursuivait de Sa colère, qu'Il a procuré la manne et les cailles à Son peuple pendant quarante ans, qu'Il a parlé à Moïse sur le mont Sinaï, qu'Il a arrêté le soleil pour Josué et qu'Il lui a accordé la victoire sur des peuples puissants. On ne peut pas plus nier les événements antérieurs : le déluge et la destruction du peuple de Lot. Tous ces faits ne sont-ils pas bien connus ? On ne peut les suspecter d'être l'effet d'un artifice ou d'une hallucination[1].

Dans l'univers religieux et culturel commun aux trois religions monothéistes, il n'y avait pas, en général, en ce qui concerne les Écritures saintes, de distinction entre la tradition, la légende et le mythe d'une part, et, d'autre part, l'histoire. Cependant, certains mettaient en doute des traditions bibliques consacrées, comme par exemple le grand historien musulman du XIVe siècle Abd al-Rahman Ibn Khaldun, dans son livre *Moqaddimmah* (Prolégomènes à l'histoire), mais à propos de certains récits du Pentateuque, le même Ibn Khaldun accepte sans réserve le témoignage biblique sur le roi Salomon : « C'est au temps de Salomon que l'État d'Israël fut le plus étendu et le plus florissant[2]. »

---

1. J. Halévi, *Le Kouzari,* livre I, § 9, trad. en français du grand rabbin Charles Touati, Lagrasse, Verdier, 1994.
2. Ibn Khaldun, *Discours sur l'Histoire universelle,* trad. Vincent Monteil, Beyrouth, 1967, introduction, p. 17.

La critique biblique de l'Antiquité aux temps modernes

Les premiers qui choisirent d'attaquer la Bible, de s'en moquer ou de la réfuter, furent les auteurs païens comme Celse, Porphyre et l'empereur Julien (dans son livre *Contre les Galiléens*). Cependant leurs critiques n'étaient pas dirigées contre les juifs et le judaïsme, mais contre la chrétienté naissante, qui avait hérité du judaïsme ses Écritures saintes et son image du passé. Les Pères de l'Église, qui défendaient leur foi, déployèrent de grands efforts intellectuels pour réfuter la critique des auteurs païens. Après l'éviction du paganisme, les commentateurs juifs et chrétiens de la Bible, du Moyen Âge à l'ère moderne, ne ressentirent plus la nécessité de défendre la Bible, et moins encore, de s'appuyer sur des sources « non bibliques » pour prouver la véracité des Saintes Écritures. Même les ouvrages érudits comme ceux des déistes du XVIIIe siècle ne remirent pas en cause la crédibilité historique de la Bible. Certains qualifièrent Moïse de « mage » ou de « sorcier », d'autres affirmèrent qu'il avait emprunté sa doctrine aux prêtres d'Égypte, mais ces théories ne niaient pas le caractère historique du personnage. Si son historicité devait être niée, il n'y avait aucun sens à rabaisser Moïse. De même, on ne nia pas l'historicité de la sortie d'Égypte, mais elle fut seulement racontée sous un jour défavorable, sous forme de contre-histoire.

Les véritables attaques contre la valeur historique de la Bible n'ont donc commencé qu'au début de l'ère moderne. Elles étaient dirigées, dans une grande mesure, contre l'Église. Il y avait ceux qui pensaient que les sources historiques gréco-romaines offraient une vision historique plus vraie que la Bible, et ceux qui estimaient que les livres de la Bible, rédigés plusieurs générations après les événements décrits, ne pouvaient de ce fait offrir de témoignage crédible. En tout état de cause, ces récits étaient des fictions dont les sources originales avaient été modifiées, soit parce que les auteurs de la Bible rapportaient les événements selon une optique ouvertement théologique, soit parce que divers intérêts religieux et politiques de leur temps inspiraient le récit historique qu'ils désiraient transmettre aux générations suivantes.

Jusqu'au début des découvertes archéologiques concernant le Proche-Orient ancien – en Égypte d'abord, puis en Mésopotamie –, le principal argument et en fait le seul pour mettre en cause la crédibilité historique de la Bible fut l'appel au *bon sens* et à la *raison*. Ainsi, par exemple, on estimait impossible de rejeter l'intervention d'un Dieu tout-puissant sur le cours de l'histoire en général et le destin du peuple d'Israël en particulier, et de n'accorder aucun crédit aux miracles, tout en admettant certains passages de la Bible comme témoignage historique véritable. Le bon sens doutait du récit de la Création, du Déluge, ou de l'arrêt du soleil à Gabaon et de la lune sur la vallée d'Ayalon pour favoriser la victoire de Josué.

En revanche, il n'y avait ni manque de bon sens ni irrationalité dans la description biblique de la conquête et l'installation des tribus d'Israël sur la Terre promise dans les livres des Juges ou des Rois. Durant les XVIIIe et XIXe siècles, l'essentiel de la controverse et du débat public porta sur les premiers chapitres de la Genèse, alors que les événements plus tardifs étaient considérés comme une vérité historique qu'il n'y avait pas lieu de mettre en doute.

La critique biblique et le Pentateuque

Il faut donc distinguer le Pentateuque (les cinq livres de la Torah : Genèse, Exode, Lévitique, Nombres et Deutéronome) des autres livres de la Bible, pour tout ce qui touche à la crédibilité historique. Depuis la fin du XVIIIe siècle jusqu'au début du XXe siècle, c'est le Pentateuque qui s'est trouvé au cœur de la recherche, de l'analyse et de la controverse. La critique a remis en cause la longue tradition selon laquelle le Pentateuque avait été écrit par Moïse sous la dictée de Dieu. Cette tradition était si bien installée que l'on en oubliait qu'elle était tardive et que la Bible elle-même attribue à Moïse seulement l'écriture des lois sous la dictée divine ; « L'Éternel dit à Moïse : Écris pour toi ces paroles » (Exode 34, 27), « Moïse écrivit toutes les paroles de l'Éternel » (Exode 24, 4). La Bible n'attribue pas à Moïse la rédaction du livre de la Genèse ou le récit de l'errance des enfants d'Israël dans le désert. Néanmoins, la tradition, qui voyait dans le Pentateuque la « Torah de Moïse », fut acceptée et sanctifiée. De ce fait, au XIXe siècle, le Pentateuque fut placé au cœur de la controverse entre les croyants ou les tenants de la tradition d'une part, et les sceptiques ou les incroyants de l'autre. Le Pentateuque fut controversé en tant que source de la foi et de la religion. En revanche, la défense de la vérité historique des livres de Josué, des Juges et de Samuel, et même de l'attribution du livre d'Isaïe à un seul auteur au lieu de deux ou même trois, comme l'affirment les chercheurs modernes, ne pouvait devenir l'enjeu d'une bataille ardente au nom de Dieu, au même titre que la défense de l'origine divine du Pentateuque (la Torah) et de l'attribution à Moïse de l'ensemble de sa rédaction. Malgré tout, certains ont persisté à défendre l'unité du livre d'Isaïe, car la critique textuelle risquait d'ébranler les fondements de la foi.

La principale arme scientifique des sceptiques, à partir de la deuxième moitié du XIXe siècle, fut la « haute critique biblique » qui, apparue au siècle précédent, devint alors un véritable dogme scientifique. Elle portait surtout sur le Pentateuque ; son approche philologico-historique consistait à reconstituer les étapes de la composition du texte et à en révéler les diverses couches. L'hypothèse de départ était que le texte avait subi une élaboration progressive. La haute critique biblique distingue quatre sources différentes pour le Pentateuque : yahviste (J), élohiste (E), deutéronomiste (D) et sacerdotale (P de *Priesterschrift*) ; elle discute des critères utilisés pour décider ce qui est antérieur et ce qui est tardif dans le Pentateuque, quand et par qui a été écrite chacune des sources, quand et comment elles ont été réunies. Cette critique ne cherchait guère, en général, à reconstituer l'histoire du peuple d'Israël, mais en soutenant que les livres de la Bible ont été écrits et mis en forme sur la longue durée, parfois plusieurs générations après les événements évoqués, elle contribuait à faire naître le doute sur leur authenticité et leur crédibilité.

Voici alors qu'au milieu du XIXe siècle apparut l'archéologie du Proche-Orient antique, puis l'archéologie biblique. Les croyants de la Bible considérèrent très vite celle-ci comme beaucoup plus fiable que la haute critique : il s'agissait d'une science qui s'appuyait sur des découvertes concrètes et non sur une recherche philologique – que certains appelaient « grattage » ou « furetage » – sur le texte biblique. Cette nouvelle science apparaissait comme un témoignage historique direct. On avait découvert une abondante littérature précédant la rédaction du Pentateuque ; il y avait dans l'Orient antique des codes de lois bien avant la Torah de Moïse ; les lieux évoqués dans la Bible existaient effectivement, les personnages cités par la Bible étaient des personnages historiques, et les événements narrés devaient donc être bien réels.

On ne devait cependant pas tarder à constater les limites des preuves archéologiques pour la confirmation de l'histoire biblique.

III

L'ARCHÉOLOGIE ET SES LIMITES

Les limites de la preuve archéologique

L'archéologie évoque l'image d'un groupe de personnes faisant des fouilles sur le site d'un ancien tell, découvrant diverses couches et extrayant de la terre des objets divers propres à retracer l'histoire. Il s'agit là de l'*archéologie mineure* : l'archéologue est dans ce cas un chercheur formé à fouiller, à trier et à définir les objets « muets » qu'il a découverts. Quant à l'*archéologie majeure*, elle vise à ressusciter un passé historique inscrit dans une époque plus large et évoquant tout un pan de l'histoire, au moyen de l'ensemble des matériaux découverts : monuments, objets de culte, outils, armes, dont il faut déterminer l'âge, la provenance, la civilisation. Si la chance lui sourit, l'archéologue peut trouver dans ou sur la terre des documents royaux, des stèles, des textes littéraires ou religieux. Ces témoignages « parlants » évoquant une époque ancienne lui permettront de reconstituer la vie religieuse et culturelle, le contexte politique et militaire, voire certains aspects démographiques et sociaux, à défaut d'une histoire événementielle.

La recherche archéologique peut ainsi aider à reconstituer de grandes civilisations enfouies dans les tells et les grottes. Depuis deux siècles, elle a révélé des mondes disparus, elle a pu confirmer des faits connus ou faire surgir des faits inconnus. Cependant elle a ses limites. En ce qui concerne la Bible, aucune fouille n'a pu authentifier l'histoire des Patriarches, la sortie d'Égypte, ou la révélation du mont Sinaï. Qu'aurait bien pu trouver l'archéologue près de cette montagne, en admettant qu'elle soit localisée avec certitude ? Des débris des tables de la Loi ou du veau d'or ? Seuls des amateurs d'une archéologie fantaisiste pourraient y croire. Aucune fouille sur le site ne pourra jamais rien prouver : ce qui s'est passé au mont Sinaï relève donc de la foi, du « surnaturel » ou de l'« intemporalité ».

Avant l'ère de l'archéologie, les preuves ne se fondaient que sur le seul texte biblique. Au Moyen Âge, la philosophie juive apportait une dimension rationaliste en se prévalant « de la transmission de la Torah en présence d'une multitude de personnes ». En vertu de ce principe, les six cent mille âmes qui étaient présentes au pied du mont Sinaï auraient transmis leur témoignage oculaire aux générations suivantes, et ainsi de génération en génération. Au XIXe siècle, l'érudit italien Samuel David Luzzatto écrit qu'il ne saurait y avoir de judaïsme sans foi en la révélation, et l'historien juif allemand Heinrich

Graetz décrit l'épisode du mont Sinaï comme un fait historique prodigieux, extraordinaire, qui s'est déroulé devant les yeux de tous, « incapables de savoir si ces prodiges n'étaient pas de simples illusions d'optique et des hallucinations sensorielles ». Seuls quelques juifs auraient alors osé soutenir que la scène du mont Sinaï n'était qu'« imagination poétique du rédacteur biblique », la Bible étant le seul témoignage de la révélation. Ainsi, l'argument de la multitude comme courroie de transmission ne se fonde donc que sur la tradition et non sur des faits. La recherche moderne, quant à elle, est en quête de données concrètes – le tracé de la sortie d'Égypte, des preuves naturalistes des miracles – sans pouvoir davantage assurer la véracité de la révélation au mont Sinaï.

Les explications « naturalistes » de la sortie d'Égypte

Qu'en est-il de la sortie d'Égypte ? L'exode de centaines de milliers d'hommes et de femmes, réunis en un peuple, que Dieu a délivrés de l'esclavage et menés pendant quarante ans dans le désert vers la Terre promise relève de l'épopée. Peut-on apporter des preuves historiques à un tel événement ? Certains croyants sont persuadés qu'une telle saga est étayée par l'histoire ancienne pharaonique et les données géographiques et topographiques du désert du Sinaï. Dans cette perspective, des sources externes peuvent confirmer le récit historique et donner aux miracles une explication « naturaliste ».

Certains non-croyants adoptent une attitude analogue en ce qui concerne la sortie d'Égypte. Alors que l'épisode du mont Sinaï est perçu comme un fait transcendant qui a un sens théologique donc réfutable, la sortie d'Égypte revêt à leurs yeux un caractère historique authentique car elle préside à la création du peuple d'Israël en tant que tel.

Souvent, devant la pénurie ou l'absence de preuves « historiques », on a recours à la « réalité ». Il y a ici confusion entre deux domaines. Le récit biblique peut s'inscrire dans un cadre réel : un espace géographique, un espace humain. Or cela ne suffit pas à prouver qu'il soit historique. Une intrigue de roman peut, elle aussi, être réaliste sans être pour autant vraiment historique, tout au plus se veut-elle réaliste pour être crédible en fonction de sa conformité à des événements historiques qui ont réellement eu lieu.

La contribution de l'égyptologie

Au cours des XIXe et XXe siècles, l'égyptologie a apporté plusieurs éclairages nouveaux. À partir de 1887, puis de 1889 à 1936, lors de plusieurs campagnes de fouilles sur le site de Tell El-Amarna, à l'emplacement de la nouvelle capitale Akhetaton fondée par le pharaon hérétique Akhenaton (Aménophis IV qui régna entre – 1353 et – 1335) furent découvertes des archives d'une grande richesse, parmi lesquelles une correspondance diplomatique en akkadien entre le souverain et ses vassaux de Canaan, les rois de villes telles que Tyr, Hatsor, Gezer et Jérusalem. Plusieurs de ces lettres évoquent la menace constituée par des populations errantes, les Habiru, qu'on a tenté de rapprocher des Hébreux, mais cette théorie est maintenant abandonnée.

Par ailleurs, sur une stèle commémorant le triomphe du pharaon Merneptah (qui succéda à Ramsès II vers – 1213) apparaît pour la première et la seule fois dans l'histoire de l'Égypte antique le nom d'« Israël » parmi une liste d'ennemis vaincus. « Canaan est dévasté, Ascalon déportée, Gezer conquise, Yenoam en ruines, Israël est ravagé, sa semence détruite. » La mention d'Israël dans cette stèle a servi d'argument pour placer la sortie d'Égypte sous le règne de Ramsès II, puisqu'Israël est bien présent sur sa propre terre sous le règne du pharaon suivant.

Ces découvertes extraordinaires ainsi que de nombreuses autres antérieures ou postérieures ont inspiré quantité de recherches et de publications qui s'efforcent d'établir une correspondance entre les documents égyptiens et le texte biblique, et par là de prouver l'authenticité de celui-ci.

Hypothèses sur le séjour en Égypte et l'Exode

Il faudrait un épais volume pour résumer toutes les théories relatives à la période de l'esclavage des Hébreux en Égypte (quatre cents ans selon la

Bible) : qui était le pharaon du temps de Joseph, qui était celui qui asservit les Hébreux ? Sous le règne de qui Moïse et Aaron firent-ils sortir le peuple d'Israël ? Les spéculations sont innombrables : la plupart cherchent à savoir où se trouvaient les villes d'approvisionnement de Pithom et Ramsès, construites par les Hébreux, selon l'Exode (1, 11), quel était l'itinéraire des Hébreux à travers le désert du Sinaï en route pour la Terre promise. L'égyptologie a produit des documents révélant l'installation de tribus sémitiques à l'est du Delta (la terre biblique de Gessen), à partir d'où ils avaient même dominé la vallée du Nil entre – 1655 et – 1570 approximativement : cette dynastie a été appelée Hyksos (« chefs étrangers ») en égyptien. Certains ont voulu y voir le fondement de l'histoire de Joseph. Dans le texte biblique relatif à cette histoire (Genèse 39 à 50), on trouve nombre de mots et de concepts d'origine égyptienne, ce qui a pu faire croire que les rédacteurs avaient vécu en Égypte dont ils connaissaient la langue et les coutumes.

En vérité, même si on admet que le rédacteur biblique n'avait pas de raison de décrire avec précision l'Égypte, on ne peut qu'être frappé par la parcimonie des détails qu'il donne sur le mode de vie égyptien : il évoque la présence de mages à la cour, le char du pharaon, l'embaumement, autrement dit quelques traits bien connus à travers le Proche-Orient antique étant donné l'influence culturelle de l'Égypte. Il ne fallait pas être contemporain de la sortie d'Égypte pour connaître la civilisation égyptienne telle qu'elle apparaît dans le texte biblique. La crédibilité du contexte historique et de quelques détails concrets ne garantit pas la valeur historique du texte biblique. Tous les essais de synchronisation n'ont pu ni prouver ni infirmer le récit de l'esclavage en Égypte.

Qu'en est-il de l'errance dans le désert du Sinaï ? Dans ce cas également, aucun document externe à la Bible n'a pu démontrer sa véracité historique. On en est réduit à se référer au « réel ». Le grand philosophe juif Maimonide (1135-1204) est d'avis que le souci du détail géographique du voyage des Hébreux dans le désert vise à obtenir un effet littéraire de réalisme historique[1] et à convaincre les sceptiques de la véracité du récit : si les lieux évoqués dans l'Exode sont bien des lieux réels et identifiables, alors le récit du voyage est lui aussi réel. L'érudit allemand du XIXe siècle Julius Wellhausen développe une hypothèse subtile : contrairement à Maimonide, il soutient que les quarante étapes de l'errance répertoriées ne constituent pas une preuve historique, car le rédacteur tardif de la Bible aurait pu connaître ces quarante relais du désert et les signaler dans le texte. Ainsi, le fait que les endroits cités ne soient pas fictifs ne signifie pas pour autant que le récit ne le soit pas lui-même[2].

Certains de ceux qui contestent le récit de l'errance dans le désert tel qu'il est décrit dans le texte tentent de préserver partiellement la tradition en proposant des

1. *Guide des égarés*, 3.
2. *Prolégomènes* II, 161.

hypothèses susceptibles de trouver un noyau historique à la sortie d'Égypte. L'une d'elles suggère que la sortie d'Égypte est fondée sur des traditions familiales, celles de la tribu de Lévi et de quelques autres familles. Une autre soutient que la sortie d'Égypte serait le fait de vagues successives d'Hébreux que la tradition aurait réunis plus tard en un seul peuple. Une autre encore veut que des groupes de populations sémitiques occidentales aient vécu en Égypte puis aient émigré. Toutes ces théories n'admettent pas la vérité du récit biblique mais cherchent à lui donner une ossature historique.

La dimension transcendante

Les croyants de la Bible et les non-croyants jouent à une sorte de jeu dont les règles sont claires : le croyant apporte des preuves que le non-croyant réfute. En ce qui concerne la sortie d'Égypte, s'il est impossible de prendre appui sur des témoignages externes à la Bible, cette conclusion a beaucoup moins d'importance que l'effort intense des croyants pour apporter un noyau de vérité historique au récit de l'Exode. Ces événements ont un caractère fondamentalement transcendant : les plaies d'Égypte sont perçues comme un châtiment divin à l'obstination de Pharaon. Comme l'écrit Juda Halévi :

> Chaque plaie qui s'abattit sur l'Égypte était préalablement annoncée et prédite [...] afin qu'on sache que sa

> cause n'était ni naturelle, ni magique, ni fortuite mais qu'elle était bien le fait d'une intention divine, de sa volonté qui agissait comme bon lui semblait[1].

Autrement dit, il est ridicule de relier les plaies des sauterelles ou des grenouilles à la réalité naturelle du pays du Nil. Pour celui qui a la foi, l'Exode est la manifestation la plus spectaculaire de l'action de Dieu sur la nature et l'histoire, de telle sorte que l'ordre du monde en a été changé. Tel est son seul et unique sens : la tentative intellectuelle d'y décrypter un sens historique non seulement dévalorise le récit biblique, mais aussi évacue la portée transcendante de l'Exode qui dépasse les contingences naturelles ou historiques. La Bible ne vise à raconter ni l'ensemble de circonstances qui ont amené diverses plaies naturelles, ni le départ d'Égypte de quelques familles d'Hébreux. Sans leur signification théologique, ces récits n'auraient jamais occupé une telle place dans la tradition et l'histoire d'Israël ou du monde. Il en va de même de l'histoire des Patriarches, des autres récits du Pentateuque ou ceux des livres historiques, de Josué jusqu'aux Rois : sans dimension théologico-historique, ces récits ne seraient que la simple histoire d'une entité ethnique et d'une dynastie semblables à beaucoup d'autres du Proche-Orient antique.

---

1. J. Halévi, *Le Kouzari*, I, § 43, *op. cit.*

IV

L'HISTOIRE DE LA TRADITION

Tradition historique et histoire de la tradition

Si le récit biblique de l'esclavage en Égypte et de l'Exode n'est que tradition, la recherche qui s'y applique relève donc de l'histoire de la tradition et de sa réception. De fait, la recherche biblique est désormais consacrée à l'histoire de la transmission du texte. Elle tente de saisir l'évolution de la tradition, le processus de son intériorisation, l'ampleur de son influence (pas seulement sur le peuple juif) et le développement des divers types d'exégèses. De ce point de vue, ne pas pouvoir prouver l'historicité du récit n'entame en rien l'importance de la tradition qui est devenue l'histoire.

Pour le chercheur qui se place en dehors de la croyance, la tradition que nous connaissons est le fruit d'un long processus d'élaboration et de réception à partir d'une première forme orale. Cela implique que derrière l'apparence de cette tradition se cachent des rédacteurs qui transmettent un message ; la tradition remplit donc la fonction qu'on attend d'elle. L'historien de la tradition se démarque ainsi du croyant pour lequel le texte est une œuvre authentique, uniforme, immédiate et contemporaine des événements eux-mêmes ou de peu postérieure. Pour lui, le rédacteur s'appuie sur une tradition populaire qu'il transforme en épopée ou en saga de grande envergure.

Les multiples traditions relatives à la sortie d'Égypte

Dans cette perspective, il reste à déterminer à quel moment la tradition orale est devenue un embryon de récit. À l'époque du premier Temple, l'Égypte a accueilli des réfugiés politiques du royaume de Salomon, si l'on en croit le livre I des Rois (11, 40 et 12, 1-2), et plus tard des réfugiés du royaume de Juda fuyant l'avance babylonienne, comme l'atteste le prophète Jérémie (44, 1 et 46, 14). On suppose donc que c'est au sein de cette population que se serait formée la tradition orale de la venue en Égypte des Patriarches puis celle de l'esclavage et de l'Exode, tels qu'ils apparaissent dans le Pentateuque. Le rédacteur anonyme aurait fait le parallèle entre les deux exils, l'antique et le contemporain, pour situer la formation du peuple en Égypte.

Selon une autre hypothèse, la tradition de l'Exode serait née dans le royaume de Juda après la chute du royaume du Nord en – 722. Des réfugiés du Nord se seraient alors repliés sur Jérusalem au temps du prophète Isaïe, sous le règne d'Ezéchias (de – 726 à – 697), un des seuls rois pieux avec Josias (de – 639 à – 609) qui fut tué à la bataille de Megiddo. Dans cette perspective, l'Exode recueillerait l'écho littéraire de l'affrontement entre Josias et les Égyptiens sous le règne du pharaon Nechao au cours duquel le roi de Juda trouva la mort (II Rois 23 ; 29, 30). Selon cette théorie, le récit de la sortie d'Égypte aurait pour but de relever le moral des habitants de Juda en reconstituant une histoire commune à toutes les tribus propre à leur inspirer la foi en Dieu qui avait pu renforcer les faibles contre la toute-puissance du fort.

L'idée qu'il s'agit d'un récit introduit dans le royaume de Juda comme une recréation de l'histoire à des fins de propagande suppose d'emblée qu'il fallait remonter de quelques centaines d'années en arrière pour forger une histoire commune au royaume de Juda et aux réfugiés du royaume d'Israël. Il y aurait donc eu à la cour du roi Josias des scribes capables de composer une légende à caractère propagandiste. On peut objecter que les divers épisodes de l'Exode ne soulignent pas tous la victoire prodigieuse remportée sur une grande puissance. Avait-on besoin d'inventer le récit de l'exode miraculeux de tout un peuple asservi par un long esclavage et la noyade du pharaon dans la mer Rouge dans l'espoir que le pharaon contemporain connaîtrait le même sort ? En conséquence, l'hypothèse d'une cour d'historiens chargés d'écrire les miracles accomplis en faveur du peuple et d'exalter ses aspirations nationales nous semble totalement anachronique et illusoire. La sortie d'Égypte n'est d'ailleurs pas nécessairement un bon modèle historique.

Au VIe siècle avant J.-C., lorsque le second Isaïe veut remonter le moral des exilés de Babylone, il leur promet que la sortie de Babylone sera totalement différente de celle d'Égypte : « Vous sortirez avec joie et vous serez ramenés en paix, montagnes et collines éclateront en clameurs de joie devant vous et tous les arbres de la campagne battront des mains » (Isaïe 55, 12). À cette époque, la sortie d'Égypte fait depuis longtemps partie d'une tradition reçue. Elle est déjà mentionnée dans les prophéties d'Amos et d'Osée au VIIIe siècle : « Et, moi, l'Éternel, je suis ton Dieu depuis le pays d'Égypte, je te ferai encore habiter dans tes tentes comme aux jours du rendez-vous ! » (Osée 12, 10), « Écoutez cette parole qu'a dite l'Éternel contre vous, fils d'Israël, contre toute la famille que j'ai fait monter du pays d'Égypte » (Amos 3, 1). Autrement dit, il n'y a pas et il ne saurait y avoir de preuves non bibliques de l'Exode, mais il y a de nombreux témoignages qui prouvent l'existence d'une tradition ancienne, d'un passé devenu au fil du temps histoire.

Le penseur Ahad haHam (Asher Ginsberg, 1856-1927), héraut du sionisme culturel, soutient dans son article intitulé « Moïse » que « ce n'est pas la vérité archéologique qui est importante mais la vérité historique ». En l'occurrence l'Exode offre le récit de la formation du peuple d'Israël dont Moïse est le digne chef. L'important est que ce récit incarne la conscience collective d'un peuple pour les générations futures. L'important est qu'il est devenu mythe et symbole et allégorie pour le judaïsme, pour le christianisme et pour toutes les nations asservies qui aspirent à se libérer.

Salomon et la reine de Saba

Un autre exemple, de nature tout à fait différente, est la légende de la visite de la reine de Saba au roi Salomon (I Rois 10, 1-13). Cette légende a pour objectif évident de magnifier la figure du roi Salomon et de le représenter comme le plus puissant et le plus célèbre de son temps (Xe siècle avant J.-C.). Pourtant, certains chercheurs pensent que la visite eut réellement lieu, puis qu'elle aurait pris des teintes légendaires. De fait, même si elle n'a pas eu lieu, elle ne relève pas pour autant totalement de la fiction en ce sens qu'elle aurait pu se produire : la question n'est pas de savoir s'il y a un noyau historique dans la légende mais de chercher quelle est la réalité qui s'y reflète. Si c'est une réalité du Xe siècle, la légende doit être née à ce moment-là. Si c'est une réalité plus tardive, du VIIe siècle par exemple, alors la légende est née plus tard.

Plusieurs possibilités ont été évoquées. La reine de Saba serait une reine de la péninsule arabique (le Yémen d'aujourd'hui) dont le territoire dominait la route des caravanes et le commerce entre le golfe Persique et la Mésopotamie. Selon cette hypothèse, les caravanes de chameaux chargées d'or, d'argent et d'épices transitaient de Saba vers le royaume d'Israël déjà autour de l'an – 1000 ; par conséquent une visite de la reine à cette époque serait plausible. Une autre hypothèse s'appuie sur des documents assyriens du VIIIe siècle avant J.-C. témoignant d'un commerce entre le sud de l'Arabie, la mer Rouge et Gaza : ainsi il y aurait eu une caravane de deux cents chameaux partis de Saba au Yémen. L'existence d'un commerce intense entre la Mésopotamie et la péninsule arabique au début du IXe siècle est par ailleurs bien attestée. L'arrière-plan historique de la visite de la reine de Saba pourrait donc se placer à cette époque, par conséquent un peu après le règne de Salomon. Selon une troisième théorie, la légende serait née dans un contexte plus tardif (VIIIe ou VIIe siècle avant J.-C.), afin de légitimer la participation des rois de Juda au commerce avec l'Arabie au VIIe siècle.

À ce propos, on se demande bien pourquoi il fallait justifier ce commerce ; il est certain que l'auteur du récit biblique n'invente pas la richesse de la reine de Saba : en effet, des stèles du sud de l'Arabie et des objets du Hedjaz trouvés dans différents sites de Judée confirment l'existence d'échanges entre les deux régions sans que l'on puisse toutefois faire la part de l'histoire et celle de la légende dans le récit parvenu jusqu'à nous. En outre, pourquoi donc le narrateur du règne de Salomon aurait-il mêlé à son récit d'une vie de sagesse la légende de la visite d'une reine lointaine, légende qui a enchanté l'imagination du monde entier, ainsi que des anecdotes peu flatteuses pour le roi ? Nous tenterons d'apporter une réponse à cette question dans le sixième chapitre.

V

LES ROYAUMES D'ISRAËL ET DE JUDA DANS LES LIVRES DES ROIS

Les livres des Rois nous placent sur un terrain historique beaucoup plus sûr. Il s'agit essentiellement d'une histoire politique et militaire sur laquelle, bien que les rois d'Israël ou de Juda n'aient pas laissé de monuments à leur gloire, il existe des témoignages extra-bibliques prouvant l'authenticité des faits évoqués. Il est important de signaler que ces témoignages concernent surtout la politique extérieure des royaumes d'Israël et de Juda et beaucoup moins la politique intérieure, de sorte qu'ils ne nous renseignent guère sur la biographie de David ou de Salomon, ou sur la vie de cour, etc.

Témoignages archéologiques

1. En 1868, l'archéologue français Clermont-Ganneau trouva sur le site de Dibôn, l'ancienne capitale de Moab à l'est de la mer Morte, une stèle de basalte noir en partie détruite, comportant une

longue inscription en caractères phéniciens ou hébreux archaïques dont il fit faire une copie et un estampage. Après son départ, les villageois du lieu firent éclater la pierre, croyant qu'elle contenait un trésor. L'inscription put néanmoins être partiellement reconstituée, et la stèle se trouve depuis au musée du Louvre. Elle célèbre la victoire de Mesha, roi de Moab, sur une coalition formée par le roi d'Israël Joram, le roi de Juda Josaphat, ainsi que le roi d'Edom. Il y est rappelé qu'Omri, roi d'Israël, avait soumis le pays de Moab, et que son fils Achab avait maintenu sa souveraineté à l'est de la mer Morte. Quand Joram succéda à Achab, qui fut tué au combat (en – 853), Mesha, roi de Moab, se souleva pour recouvrer son indépendance. La coalition réunie par Joram ne put s'emparer de sa capitale. Selon le récit biblique (II Rois 3, 27), le roi de Moab immola son fils aîné sur les remparts pour obtenir la faveur de son dieu Kemosh, et les assiégés, indignés, s'en retournèrent. La stèle de Mesha n'en parle guère, mais exalte la victoire moabite. Même si la description biblique des relations entre Israël et Moab au livre II des Rois comporte des inexactitudes, puisqu'elle fut écrite postérieurement aux faits et dans une perspective théologique et idéologique, il n'en demeure pas moins qu'elle renferme un noyau historique indiscutable témoignant du règne d'Omri et de la rivalité entre les royaumes d'Israël et de Moab.

2. En 1880, on trouva à Jérusalem, contre la paroi de la galerie souterraine menant au bassin de

Siloé, une inscription de six lignes connue désormais comme l'« inscription de Siloé » (aujourd'hui au musée d'Istanboul). Elle relate la dernière étape du percement du tunnel sous le règne d'Ezéchias (de – 726 à – 697) afin d'amener l'eau à l'intérieur des murailles de Jérusalem en cas de siège. L'inscription décrit la joie des deux équipes se rejoignant après avoir creusé le tunnel par les deux bouts.

Cette œuvre d'ingénierie qui requérait un grand professionnalisme n'aurait pu être effectuée sans une initiative royale. On a donc confirmation du témoignage biblique : « Et le reste des actions d'Ezéchias et toute sa puissance, et comment il fit le réservoir et le canal et comment il conduisit les eaux à la Ville, n'est-ce pas écrit dans le Livre des rois de Juda ? » (II Rois, 20, 20), « Et c'est Ezéchias qui boucha l'issue supérieure des eaux du Guihon et les envoya plus bas à l'ouest de la ville de David » (II Chroniques 32, 30).

3. Sur le site de Ninive, la nouvelle capitale d'Assyrie construite par le roi Sennachérib (de – 704 à – 681), on a découvert un palais orné de bas-reliefs qui évoquent le grand siège imposé par ce roi en – 701 à la forteresse judéenne de Lakish, et le départ de ses habitants. Le texte biblique s'en trouve confirmé : « En l'an quatorze du roi Ezéchias, Sennachérib, roi d'Assur, monta contre toutes les villes fortifiées de Juda et s'en empara. Alors Ezéchias, roi de Juda, envoya dire au roi d'Assur à Lakish : J'ai

péché ! Cesse de m'attaquer, ce que tu m'imposeras, je l'apporterai » (II Rois 18, 13-14)[1].

Une inscription gravée en caractères cunéiformes sur un prisme en argile (prisme de Taylor au British Museum) mentionne la rébellion d'Ezéchias, roi de Juda, et ajoute : « Quant aux quarante-six places fortes, et quant aux petits bourgs en nombre incalculable qui les environnaient, je m'en emparai au moyen de rampes d'approche et d'engins de siège. » Cela nous enseigne que la Judée possédait plusieurs villes et villages fortifiés outre Jérusalem défendue par des remparts solides. De leur côté, les découvertes archéologiques témoignent clairement des destructions causées par l'armée de Sennachérib, dans la plaine côtière, et sur le site de Lakish où l'on a retrouvé des vestiges de la forteresse, une rampe de siège, près de huit cents pointes de flèches et des pierres de fronde datant de cette époque.

La Bible accorde une grande place au siège de Jérusalem par l'armée de Sennachérib (II Rois 18 et 19, Isaïe 36 à 38) qui est très brièvement évoqué dans la version assyrienne : « Lui-même, comme un oiseau en cage, je l'enfermai dans Jérusalem. » Le roi Sennachérib ne prit pas la ville. Selon le récit biblique, une épidémie qui décima ses troupes l'obligea à lever le siège : « Cette même nuit, un ange du Seigneur se rendit au camp assyrien et y fit périr cent quatre-vingt-cinq mille hommes ; en se levant le

---

1. Voir le parallèle en II Chroniques 32, 9 et Isaïe 36, 1-2.

matin, on aperçut tous les cadavres. » Cependant, l'inscription assyrienne mentionne la rançon imposée à Ezéchias : « Il m'envoya à Ninive, ma résidence royale, trente talents d'or et huit cents talents d'argent, des pierres précieuses, des lits et des sièges incrustés d'ivoire, des défenses d'éléphant, du bois d'ébène, ses filles et des concubines, des musiciens et des musiciennes. »

Ce texte témoigne aussi de la richesse du royaume de Juda et de l'importance de sa cour. Malgré les discordances entre les deux versions, le document archéologique a fourni une preuve extra-biblique authentique qui atteste de la validité du récit biblique. Mais le rédacteur de la Bible ne s'intéressait pas au fait historique en tant que tel, aussi a-t-il ajouté un élément théologique présentant la fin du siège comme un miracle rédempteur, car Jérusalem est protégée par Dieu : « Elle te dédaigne, se rit de toi, la vierge, fille de Sion ; elle hoche la tête après toi, la fille de Jérusalem » *(II Rois 19, 21)*. Dans la réalité, si Jérusalem n'a pas été conquise cette fois, la dynastie de Juda, qui se vantait de mener la rébellion contre l'Assyrie, fut vaincue et asservie. La convergence de la Bible et de l'archéologie apporte ici la preuve irréfutable de l'existence du royaume de Juda et de sa présence politique dans la région.

4. Un obélisque noir trouvé en 1846 dans les fouilles de la ville de Nimrud (ancienne Kalah) en Mésopotamie rapporte la victoire du roi assyrien Salmanazar III à la bataille de Qarqar en – 853. Un panneau de la deuxième rangée de bas-reliefs nous

montre un personnage prosterné aux pieds du roi avec l'inscription « Tribut de Yaua, fils de Humri ». Il ne fait aucun doute qu'il s'agit de Jéhu, roi d'Israël, usurpateur du trône d'Omri, mais confondu avec la dynastie de celui-ci par le conquérant. Si la bataille ne figure pas dans le livre des Rois, l'obélisque confirme l'existence de la dynastie de la maison d'Omri ; c'est le seul monument montrant, sculptés dans la pierre, des Israélites payant tribut au roi d'Assyrie.

5. En 1993, une partie de l'inscription araméenne trouvée à Tel Dan en haute Galilée fut rendue publique. Elle évoque la victoire de Hazaël, roi d'Aram, sur la coalition militaire des royaumes de Juda et d'Israël. L'expression *byt dwid*, « la maison de David », s'y lit très clairement. Cette inscription apporte donc un témoignage extra-biblique sur la dynastie de David et, par voie de conséquence, sur l'historicité du roi David. L'authenticité de l'inscription trouvée in situ et son caractère historique ne font nul doute. Il est intéressant de noter que les rois de Juda et d'Israël se voyaient eux-mêmes comme les descendants de la maison de David, fondateur de la dynastie.

En outre, de brèves inscriptions gravées sur des sceaux datant de la fin de l'époque du premier Temple attestent de l'existence de personnages mentionnés dans le livre II des Rois (chap. 22) tels Shafan le scribe ou Hilkiyahou le grand prêtre, contemporains du roi Josias.

6. Selon le deuxième livre des Rois (24, 11-12) Nabuchodonosor, roi de Babylone, assiégea Jérusalem en – 597 et exila le roi Joachin dont le père Joachim était déjà devenu son vassal. Il déporta également des milliers d'hommes, « tous les vaillants hommes de guerre ainsi que tous les forgerons et serruriers » (II Rois 24, 14). Selon les chroniques babyloniennes, le roi de Juda (dont le nom n'est pas mentionné) se serait rendu volontairement au roi de Babylone.

Quatre inscriptions composant des listes de provisions, trouvées dans le souterrain du palais de Babylone, détaillent les allocations destinées au « roi de Juda » et à ses enfants. C'est une autre confirmation du récit biblique. Le livre II des Rois (25, 29-30) se conclut en effet ainsi : « Joachin prit ses repas devant lui sans interruption tous les jours de sa vie. Sa ration constante lui fut donnée de la part du roi de Babel tous les jours de sa vie. »

Si l'auteur biblique ne relate pas en détail tous les événements, leurs causes et leurs conséquences, du moins n'invente-t-il pas purement et simplement les faits. Certes, il les nimbe de légende, les embellit, comble des lacunes, se fonde sur des sources souvent peu fiables ou partielles, mais le noyau historique existe. Le royaume de Juda (au sud) et le royaume d'Israël (au nord) ainsi que les royaumes voisins (Moab, Aram, Amon) auxquels ils sont souvent affrontés sont des réalités historiques impliquées dans la politique du Proche-Orient antique. Quand bien même admettrions-nous l'hypothèse minimaliste qui place la rédaction des textes à la période perse ou hellénistique, il est évident que le rédacteur devait avoir en sa possession des sources bien antérieures (la seule question étant de savoir comment elles lui seraient parvenues). Sans ces sources, comment un auteur du VIe ou du Ve siècle (voire du VIIe siècle avant J.-C.) aurait-il pu savoir que le pharaon Sheshonq, fondateur de la XXIIe dynastie, avait mené une guerre contre Jéroboam en l'an – 918 ? Certes, le rédacteur biblique évoque l'expédition militaire avec des détails anachroniques pour ce temps (I Rois 14, 25-28 ; II Chroniques 12, 2-12), mais elle n'en demeure pas moins un fait historique réel attesté aussi par une source égyptienne bien antérieure : un bas-relief du temple d'Ammon à Karnak représente le pharaon triomphant et, à côté, figure la liste des villes et villages ramenés sous le joug égyptien. Un fragment portant le nom de Sheshonq a été également retrouvé à Megiddo. Seules des sources antérieures ont pu renseigner l'auteur biblique sur l'existence de cette campagne militaire.

Fondements historiques

L'auteur du livre des Rois rapporte des faits historiques de manière partielle, discontinue, peu précise et peut-être même erronée ; néanmoins, les royaumes de Juda et d'Israël ne sont pas le fruit de son imaginaire et, par voie de conséquence, on ne peut mettre en doute l'historicité des rois d'Israël et de

Juda du VIIIe et du VIIe siècle avant J.-C. Ces rois, qu'ils soient évoqués par des sources bibliques ou extérieures à la Bible, qu'ils soient mentionnés ou non comme faisant partie d'une dynastie ou de plusieurs dynasties, sont incontestablement historiques.

Depuis quelque temps, les soupçons de la critique contemporaine se portent sur le royaume unifié de David et de Salomon. David et Salomon ont quitté la scène historique pour rejoindre celle de la tradition historique. Pourtant, on ne saurait mettre en doute l'historicité du royaume de Juda et de celui d'Israël.

Dans un livre qui a reçu un grand écho, Israël Finkelstein et Neil A. Silberman attribuent deux étapes à la rédaction de la Bible. Dans la première, apparaît le mythe de l'« âge d'or » de la monarchie de David et de Salomon. Ce ne serait là qu'une élaboration de la propagande royale après la destruction du royaume d'Israël (en – 722) et la levée du siège de Jérusalem par Sennachérib en – 701. Ainsi aurait été constitué le mythe unificateur d'un puissant royaume comprenant l'ensemble des douze tribus. La deuxième étape aurait commencé à la fin du VIIe siècle avant J.-C. La mort de Josias, l'interruption des réformes cultuelles et religieuses qu'il avait entreprises, puis, au début du VIe siècle, la chute du royaume de Juda et la destruction de Jérusalem par Nabuchodonosor auraient fait réécrire l'histoire en évoquant les aspects négatifs du règne de Salomon :

Les récits originels consacrés aux pères fondateurs du royaume de Juda ont été largement repris et acceptés. Pourtant, l'exposé des fautes personnelles de David – qui auraient entraîné la damnation de n'importe quel chef selon les critères du Deutéronome – ne pouvait être totalement ignoré lors de la compilation des traditions populaires, des contes, mythes et légendes de l'ancien Israël, du Sud comme du Nord, au sein d'une histoire unique et définitive. Les deutéronomistes semblent avoir conservé la totalité ou la majeure partie du matériau d'origine, qui fut d'abord couché par écrit vers la fin du VIIIe et le début du VIIe siècle avant J.-C. en y ajoutant quelques formules oratoires (comme le défi de David à Goliath, I Samuel 17, 45-47), des commentaires d'éditeur, des détails de culture contemporaine et, bien entendu, une reformulation du récit de façon à lui faire servir leurs objectifs théologiques.

La nouvelle et composite épopée s'inspira d'un large éventail de traditions afin de cultiver un consensus national au sein de cercles auparavant dispersés – et de servir les objectifs de Josias désireux d'étendre son pouvoir sur des territoires qui avaient appartenu au royaume du Nord, un plan qu'il était parvenu à concrétiser pour le plateau benjaminite et les environs de Béthel. C'est la raison pour laquelle ont été conservées dans l'histoire les traditions nordistes concernant Saül – en dépit de leur ton négatif à l'égard de David –, la comparaison avec David ternissant et réduisant la stature de Saül. Les deutéronomistes ont également retenu les récits primitifs sur la richesse, la sagesse et la grandeur de Salomon, qui s'inspiraient de l'âge d'or de l'impérialisme assyrien. Ces descriptions élaborées de fortunes et de pouvoirs inouïs servaient à montrer ce que l'avenir réservait encore à Juda, pourvu que la loi fût à nouveau restaurée. Mais l'histoire de Salomon inclut aussi une sévère admonestation : le commerce mondialisé et l'internationalisme peuvent engendrer l'apostasie, et menacer l'identité et les traditions ancestrales de Juda[1].

Cette hypothèse semble mettre la charrue avant les bœufs ; en d'autres termes, elle suggère que les processus de composition du livre des Rois répondent à des a priori : ces livres auraient été écrits à des fins de propagande, c'est-à-dire pour façonner la conscience historique du peuple de Juda pendant plus de deux siècles. Néanmoins, les auteurs de cet ouvrage ne proposent pas une explication convaincante au problème suivant : pourquoi fallait-il remanier à plusieurs reprises le texte, tout en conservant les couches précédentes qui contredisaient à chaque fois la nouvelle version ? Comme nous le verrons, la construction d'une image du passé collectif au cours des VIIIe et VIIe siècles avant J.-C. n'est qu'une hypothèse anachronique inspirée par une culture qui n'est pas la prestigieuse « culture du livre ».

---

1. I. Finkelstein et N.A. Silberman, *Les Rois sacrés de la Bible*, trad. française, Bayard, 2006, pp. 193-194.

VI

LE DEUTÉRONOME ET SON AUTEUR

Particularité de l'écriture historique dans la Bible

Qui est l'auteur des deux livres des Rois (et peut-être aussi celui des livres de Josué, Juges et Samuel I et II) ? Il est nécessaire de cerner l'identité de cet « historien » unique (nous ne saurons jamais qui il était) si on admet l'hypothèse selon laquelle l'époque ou le statut social de l'auteur aident à comprendre sa conception du monde et sa méthode. En d'autres termes, nous pourrons accorder foi à l'histoire en fonction de l'identité de l'auteur.

Cet auteur inconnu (j'utilise le singulier par convenance uniquement) a écrit ce qui est, à notre connaissance, le seul récit historique qui fut produit dans le Proche-Orient ancien. Les livres des Rois ne sont pas un recueil d'annales royales, de récits de guerres, ou de correspondance diplomatique. Tous ces types de documents, qui ont certainement existé dans les royaumes de Juda et d'Israël, n'ont pas survécu. Contrairement à une partie de l'immense corpus de documents conservés dans les archives et les bibliothèques des palais et des temples de l'Orient ancien, découverte grâce à la recherche archéologique des XIXe et XXe siècles. En revanche, les livres de la Bible – dont ceux des Rois – ont survécu et fini par constituer, sans doute à partir de la période perse, une histoire qui fournit au peuple d'Israël une partie de l'image et de la conscience de son passé éternel.

Si l'auteur a vécu aux VIIe ou VIIIe siècle avant J.-C., et à plus forte raison à une époque postérieure, il pouvait avoir connaissance des annales assyriennes ou babyloniennes ; pourtant, le style de son récit historique en est fort différent. Il n'existe pas de parallèle aux livres des Rois, ni par la structure historique, ni par la conception du monde qui les inspire, ni par la forme du récit historique, ni par la qualité littéraire et poétique. Le modèle d'un processus graduel de changement et de perfectionnement ne saurait en expliquer l'apparition. Il est encore plus étonnant que cette œuvre historique (et bien entendu pas seulement elle) ait pu être écrite par un auteur appartenant à un petit peuple, dont seule une élite réduite savait lire, dont la capitale, Jérusalem, avait une population intra muros d'environ dix mille habitants au VIIIe siècle avant J.-C., dans un royaume d'environ cent mille habitants, secoué de conflits politiques et religieux. Et si nous acceptons l'opinion selon laquelle les livres des Rois furent écrits à l'époque perse, il s'agit d'une population encore plus réduite.

Or, c'est précisément à cause de leur caractère singulier et unique que les livres des Rois, de même que les livres historiques en général, ont suscité de la méfiance. Alors que les documents découverts au cours des fouilles de Mésopotamie ou dans les archives des villes de l'Orient antique (Ougarit, Mari et autres) apparaissaient comme des sources « authentiques », « de première main », les livres des Rois furent soupçonnés d'être fabriqués, précisément parce qu'ils fournissaient un récit continu, guidé par une conception théologico-historique évidente. Cependant, les documents historiques de l'Orient antique ne sont pas non plus exempts d'idéologie. Les annales et les récits de voyage des rois d'Assyrie et de Babylone furent écrits par des scribes royaux (le terme akkadien *ummanu* signifie « artiste suprême », le niveau le plus élevé d'un maître dans l'art de l'écriture) avec un objectif évident de propagande – mais les annales assyriennes ne devinrent pas la source d'un mythe religieux ou national et d'une littérature sacrée ; elles ne furent donc pas jugées à l'aune de la critique comme le fut la Bible. Les livres des Rois, précisément à cause du statut spécial dont ils jouirent dans la culture juive et chrétienne, sont souvent qualifiés d'œuvre littéraire de fiction. Il ne s'agirait pas d'un récit historique, mais d'un récit contenant des intrigues historiques, fruits de l'imagination créatrice de l'auteur qui aurait utilisé l'« histoire » pour transmettre son message. Alors que les attaques contre le Pentateuque visaient, entre autres, à mettre en cause son autorité théologique, celles portées aux livres des Rois (et aux autres livres historiques) remettaient en cause leur autorité comme documents historiques d'un peuple.

Qui était cet auteur : était-ce un historien, un scribe ? Quelles règles de rédaction et de composition suivait-il ? Quelles étaient ses intentions ? Décrire le passé, inventer un passé, se servir du passé comme d'un guide pour le présent, d'un instrument pour façonner un peuple ou une société ? Et s'il a inventé un passé, pourquoi avoir inventé ce passé plutôt qu'un autre ?

Qu'est-ce que l'« histoire deutéronomiste » ?

L'auteur dont nous parlons est nommé par les chercheurs contemporains « le deutéronomiste ». C'est à lui qu'ils attribuent les livres historiques de Josué à II Rois, qui constituent le « récit deutéronomiste », ou l'« histoire deutéronomiste », car ils sont écrits selon la conception du monde du Deutéronome (en abréviation, Dtr ou DtrH).

Cette appellation a été proposée par le chercheur allemand Martin Noth dans son livre *L'Histoire deutéronomiste*, écrit en 1943. Selon ce chercheur, l'auteur de cette histoire vivait à l'époque de l'exil de Babylone (les quatre premiers livres du Pentateuque seraient plus tardifs), car c'est alors que se serait fait sentir la nécessité urgente d'une « histoire » susceptible de donner une raison et une explication à la destruction du Temple et à l'exil. Cet auteur et ses suiveurs auraient appartenu à un groupe idéologique bien défini (l'« école deutéronomiste ») ; c'est pourquoi le texte reflète un esprit historiographique uniforme.

D'autres chercheurs datent la rédaction de la principale partie du récit à une époque plus ancienne, celle du roi Josias (de – 630 à – 609), ou même celle d'Ezéchias (de – 727 à – 698). Les réformes du culte effectuées par Ezéchias ou Josias les auraient amenés à rechercher une image continue du passé qui puisse unifier les habitants du royaume de Juda et ceux des habitants du royaume d'Israël qui s'étaient réfugiés en nombre dans le royaume de Juda après la destruction de Samarie en – 722.

La théorie de Noth a été elle-même reprise et remaniée. L'histoire deutéronomiste aurait connu trois étapes de rédaction : le premier auteur, appelé Dtr, serait contemporain d'Ezéchias, le deuxième, appelé Dtr1, aurait écrit au moment de la conquête babylonienne, et le troisième, Dtr2, durant l'exil de Babylone. Certains chercheurs proposent des étapes plus nombreuses. Quoi qu'il en soit, la controverse sur le nombre d'auteurs qui auraient participé à l'élaboration du récit deutéronomiste tout entier – ou seulement à celle des livres des Rois – et sur les différentes étapes de rédaction porte sur la formation du texte, et n'est pas forcément liée au débat sur la fiabilité historique de ces livres.

L'historien deutéronomiste, rédacteur ou éditeur ?

La controverse porte aussi sur la définition de l'auteur. Faut-il le qualifier d'historien, de compilateur, d'éditeur ou de rédacteur ? Si c'est un historien, sait-il utiliser ses sources de façon critique pour construire une synthèse significative et dégager les circonstances et causes des événements historiques ? L'éditeur est celui qui complète le contenu d'un texte – soit en le résumant, soit en l'allongeant – et en améliore le style. Le rédacteur est celui qui réécrit des textes pour en faire un récit homogène. En ce qui concerne la Bible en général, et les livres des Rois en particulier, il est difficile de définir les frontières entre les divers types d'auteurs historiques. Il ne fait pas de doute que l'auteur des livres historiques s'est servi de sources diverses ; cependant, il ne les a pas seulement réunies ou copiées. Il les a assemblées selon un dessein réfléchi. En d'autres termes, il s'est attribué la liberté et l'autorité de choisir entre diverses sources, de les résumer ou de les compléter et de leur donner une interprétation. Le résultat n'est pas une composition fictive, mais un récit historique qui s'appuie sur divers types de sources et qui est rédigé suivant un plan préétabli : juger les événements selon la conception théologico-historique du Deutéronome. Malgré toutes les tentatives des chercheurs, il est impossible de reconstituer pour chaque sujet et chaque événement les critères de choix de l'auteur entre ses sources originales. Nous ne pouvons pas non plus savoir quelles étaient les règles de réécriture qu'il adoptait : allongeait-il un texte court, ou au contraire abrégeait-il un texte long pour lui ajouter d'autres détails ? Marc Bloch a montré que des auteurs tardifs tendent justement à abréger. C'est ainsi, en effet, qu'à la fin du IIe siècle avant J.-C. un Juif de langue grecque indique qu'il a résumé les cinq livres de Jason de Cyrène sur la révolte des Maccabées :

> Tout cela, Jason de Cyrène l'a raconté en cinq livres, et nous essayerons de les résumer en un seul ouvrage [...] Entrer dans le détail, faire le tour des sujets, se donner de la peine pour chaque chose, cela concerne en premier le pionnier de l'histoire ; mais rechercher la concision, renoncer à traiter le sujet de façon exhaustive, c'est ce qui convient à l'adaptateur (II Maccabées 2, 23 et 30-31).

Où l'histoire deutéronomiste a-t-elle pu être écrite ?

Ne disposant pas de « documents royaux », c'est-à-dire d'annales ou de chroniques écrites par les scribes du roi, nous ne pouvons savoir quelle était la méthode de ceux-ci ni, bien entendu, si le deutéronomiste s'appuyait sur leurs écrits en les abrégeant ou au contraire en les développant. Puisque nous ne disposons pas des diverses versions des livres des Rois (s'il y en eut), nous ne pourrons jamais savoir comment l'auteur les a « traitées » quand il choisit d'y ajouter des « récits annexes », qui apparaissent comme des digressions par rapport au déroulement du récit. En tout cas, il est clair qu'il eut à choisir entre des options à chaque étape.

S'il n'y a qu'un seul auteur, les livres des Rois (et peut-être tout l'ensemble deutéronomiste) sont bien l'œuvre historiographique d'un seul homme. En revanche, si l'on suppose un groupe d'auteurs (une école) écrivant de manière continue pendant plusieurs dizaines d'années, et peut-être plus encore, alors ces livres résultent d'un processus d'élaboration continu à partir d'un récit de base *(Urtext)* auquel s'ajoutait de temps à autre un texte nouveau, plus à jour. On pourrait reconstituer les choses ainsi : un historien (ou un groupe d'historiens), appartenant à la confrérie des scribes ou à l'école deutéronomiste, travaille dans un lieu où est conservé un grand corpus de sources de types divers : traditions orales mises par écrit, épopées, littérature prophétique, lettres administratives, documents royaux, annales comme celles auxquelles se réfère le texte final (le livre des annales des rois d'Israël, le livre des annales des rois de Juda, le livre des faits de Salomon, les récits de Samuel, le Voyant, les récits du voyant Gad, le *Sefer hayashar*, et peut-être d'autres encore non cités). Cet historien devait avoir libre accès à ces sources pour entreprendre une œuvre aussi vaste. Là où il manquait d'information, il remplissait les blancs à l'aide de son imagination créatrice, ou suivant des modèles historiques et littéraires existants.

Selon une reconstitution très pittoresque, ces sources auraient inclus des récits racontés à la cour, lors de fêtes ou d'assemblées officielles, peut-être par des sortes de troubadours qui auraient rassemblé des récits légendaires circulant parmi les villageois. En résumé, nous aurions devant nous un « orchestre de souvenirs » où participent divers choristes.

Un historien de cour ?

Les sources écrites dont disposait l'auteur ne pouvaient pas être antérieures au Xe siècle avant J.-C., car l'alphabet hébraïque ancien n'est pas attesté avant cette époque[1]. Par ailleurs, on ne peut affirmer que dans les royaumes d'Israël et de Juda aurait persisté pendant des centaines d'années une tradition transmise oralement dans un environnement où il y avait une culture de l'écrit très développée. Même en admettant qu'une tradition orale ait pu être préservée durant de nombreuses générations, rien ne prouve qu'à l'époque du premier Temple, il y avait des personnes semblables aux poètes grecs qui parcouraient le royaume de Juda pour recueillir des traditions populaires locales, afin de les transcrire, de les unifier et de les conserver pour les générations futures, ou pour s'en servir comme base historique.

Où aurait donc pu se trouver le *scriptorium* où écrivait un tel historien ? À la cour royale, dans le Temple ou dans une école de scribes qui devait exister à Jérusalem, comme dans tous les pays de l'Orient ancien. C'étaient des séminaires où les scribes étaient formés pour des emplois publics de divers niveaux, et où on conservait, copiait et étudiait les livres.

1. Rien ne permet d'affirmer qu'il y avait déjà, au sein du peuple d'Israël, à une époque bien antérieure, une caste de scribes notant des témoignages sur leur époque dans les divers centres de pouvoir ou dans les temples.

L'historien deutéronomiste et la réforme de Josias

Un royaume puissant, doté d'une administration développée, où fonctionnent des écoles de scribes et dont la population jouit d'un niveau culturel élevé est peut-être la condition nécessaire mais suffisante à une éclosion culturelle et littéraire. Puisque le récit deutéronomiste est considéré comme une création historique et littéraire sans précédent, il ne suffit pas d'affirmer qu'il a été écrit à Jérusalem entre l'époque de Josias et la destruction du Temple, encore faut-il expliquer pourquoi il a été écrit. Les réformes du culte effectuées par le roi Josias fournissent une hypothèse plausible souvent avancée. Ce roi qui accéda au trône après le meurtre de son père, Amon, et la répression d'une conspiration apparaît comme un personnage brillant et ambitieux, successeur de Moïse, de Josué et de David. Ce serait lui qui aurait pris l'initiative du récit deutéronomiste (et pas seulement de ce récit) afin de légitimer les grandes entreprises royales, la purification du Temple de Jérusalem et l'incorporation au royaume de Juda, à la suite du retrait des Assyriens de la région, du territoire méridional du royaume. Le récit deutéronomiste constituerait donc une histoire engagée, une littérature de propagande, écrite par un historien de cour, qui aurait « inventé » le passé brillant du royaume unifié. L'idée qui sous-tend cette hypothèse est que la révolution religieuse et les ambitions nationales requièrent une histoire glorieuse. Pour ce faire, l'historien de la cour aurait inventé, entre autres, le mythe du royaume unifié, créé les personnages de Josué, David et Salomon, pour servir de modèles au roi Messie Josias. Évidemment, cet historien n'aurait pas imaginé l'existence même du roi David ou du roi Salomon puisque déjà au VIIIe siècle avant J.-C. le prophète Amos, par exemple, s'élevait contre les nobles du royaume d'Israël, qui « fredonnent au son du luth, *comme David* » (Amos 6, 5). Mais en embellissant les exploits de ces rois du passé, l'historien de cour aurait en fait tracé l'image idéalisée de Josias.

Une histoire engagée ?

En apparence, nous avons là une solution simple et élégante à un problème compliqué. Bien que la Bible soit la seule source qui atteste de la réforme cultuelle de Josias et de ses autres entreprises (dont il n'y a aucun témoignage archéologique) et qu'elle loue de façon hyperbolique son personnage de roi bon et juste (II Rois 23, 25), son témoignage n'est pas contesté. Mais l'explication proposée ne laisse pas de soulever des difficultés. S'il a voulu inventer un âge d'or et des rois admirables, pourquoi l'historien engagé a-t-il introduit dans la biographie de David et Salomon – à qui il compare Josias – des épisodes peu flatteurs qui les présentent sous un jour négatif ? En outre, la mort de Josias, qui apparaissait comme un sauveur, réduit à néant les espérances messianiques. Quant à l'idée que le roi aurait voulu diffuser une légende reposant en partie sur des traditions historiques répandues à seule fin de créer la base d'une nation nouvelle, ne constitue-t-elle pas un anachronisme flagrant ?

En vérité, nous n'avons aucun témoignage quant au statut du récit deutéronomique à l'époque du premier Temple, nous ne savons pas non plus s'il était reconnu comme un écrit historique autorisé. Aucun obstacle de principe n'empêche que le texte ait subi des changements, des additions et des mises au point. Par conséquent, le texte a pu être remodelé plusieurs fois à partir du plan général ; ainsi, diverses strates d'écriture se seraient superposées tout en laissant des traces. Si le deutéronomiste était un écrivain engagé, n'aurait-il pas dû réécrire son texte à la lumière des événements qui suivirent la mort de Josias ? Pourquoi n'a-t-il pas renoncé à la matière historique qui aurait pu lui apparaître comme contraire à ses intentions ?

Il y a cent cinquante ans, dans un ouvrage audacieux intitulé *Histoire d'Israël et sa foi*, Salomon Tsvi Hirsch, un érudit de Tarnopol, proposait l'explication suivante : les contradictions et les redites apparaissant dans la Bible viennent de ce que les divers rédacteurs ont puisé dans des sources différentes sans chercher à les modifier pour qu'elles concordent entre elles. Comme les écrits produits par l'école deutéronomiste n'avaient encore aucun statut particulier, ils auraient été enrichis de multiples rajouts jusqu'à atteindre leur forme définitive. Cependant, pour intégrer ces additions, le texte sous-jacent devait être un texte vivant, transmis de génération en génération et de main en main, dans la même école et probablement une seule dynastie de rédacteurs.

Quel que soit le rédacteur, le contenu de son récit a été influencé par les sources dont il disposait, par ses convictions et son appartenance politique ou idéologique. Sa proximité par rapport aux événements décrits ne garantit pas qu'il soit au-dessus de tout soupçon, au contraire. L'utilisation de sources premières ne suppose pas que leur choix et leur utilisation soient totalement impartiaux. Or, nous ne savons rien en général de ces premières sources et de leur choix. Nous n'avons pas de brouillon, nous n'avons qu'un texte biblique définitif à partir duquel il nous faut retracer comment il s'est constitué en unité.

Sources et options de l'historien

Que l'on situe l'auteur avant la destruction du royaume de Juda, suivie de l'exil de Babylone, ou bien dans une des générations qui suivirent le retour à Sion, le problème est le même. Ceux qui affirment que le récit deutéronomiste fut écrit tout entier durant l'exil de Babylone doivent supposer que l'un des exilés avait emporté des archives ou des documents susceptibles de servir un projet déjà conçu avant le départ en exil. C'est ainsi qu'Ernest Renan imagine un des prêtres partant en exil et chargeant sur son âne de nombreux rouleaux, grâce auxquels il racontera l'apogée et la chute des royaumes d'Israël et de Juda. Même les tenants de l'« école minimaliste », celle qui situe la rédaction du récit deutéronomiste à l'époque perse (de – 538 à – 332), voire à l'époque hellénistique, doivent admettre que l'auteur disposait de toutes sortes de sources. Or, cette thèse radicale n'explique pas comment les auteurs trouvèrent, à l'époque perse ou hellénistique, le corpus de ces sources, sans lesquelles ils n'auraient pu connaître des événements qui s'étaient produits plusieurs siècles auparavant. Ils devaient détenir des sources originales pour pouvoir citer des correspondances administratives ou royales (qui ne pouvaient faire partie d'une tradition orale). Comme ces documents ou les récits écrits antérieurement ne pouvaient avoir été trouvés à Jérusalem, puisqu'elle avait été détruite, faut-il supposer qu'ils avaient été conservés ailleurs, peut-être dans un poste fortifié de la région de Benjamin ? Qui donc aurait alors mis à l'abri ces documents[1] ? Une autre question se pose :

---

1. Ainsi, selon II Maccabées, Néhémie avait rassemblé les livres « concernant les rois et les prophètes, ceux de David et les lettres des rois relatives aux offrandes » et « Juda réunit de même tous les volumes qui avaient été dispersés du fait de la guerre qui survint pour nous et ils se trouvent chez nous » (II Maccabées 2, 13-14).

pourquoi les rédacteurs, s'ils sont si tardifs, n'ont-ils pas écrit un récit historique cohérent exempt de récits secondaires qui n'apportent rien à la formation de la conscience religieuse et nationale de la communauté, un récit dont l'influence sur la formation ex nihilo de la conscience historique serait plus efficace et plus convaincante ?

En tout cas, même l'école minimaliste admet qu'est apparu, dans une des générations postérieures au retour à Sion, un homme convaincu que la rédaction d'une histoire continue était nécessaire à la formation de l'identité d'un peuple. Cette conviction était en soi une nouveauté révolutionnaire. Si cet auteur a voulu écrire une histoire destinée à créer une image consensuelle du passé et à insuffler à travers elle une conscience historique à ses concitoyens et aux générations à venir, son succès fut remarquable.

Cet auteur apparaîtrait doué d'un talent tel qu'il lui permet d'inventer un récit historique détaillé et très complexe dont il maîtrise chaque détail. Toutefois le texte est entaché de contradictions, de redites et de lacunes. S'il n'y eut vraiment qu'un seul auteur, aurait-il laissé ces défauts ? S'il y en a eu plusieurs, pourquoi le dernier de la chaîne n'aurait-il pas supprimé les étapes d'écriture qui ne correspondaient pas à sa conception de l'histoire ?

En fait, nous ne pouvons ni confirmer ni infirmer les différentes hypothèses concernant la composition du récit deutéronomiste. Le plus souvent, le rédacteur semble n'avoir pas voulu renoncer aux nombreuses sources et aux multiples versions dont il disposait, afin de les transmettre aux générations futures. Il a pu combler certaines lacunes par une écriture historiographique créative. En tout cas il n'écrivait certes pas pour un lecteur critique et exigeant, doué de compétences littéraires comme le bibliste contemporain.

Il ne s'agit pour nous ni de rejeter en bloc l'historicité des faits relatés ni, inversement, de l'accepter sans discernement ; le véritable enjeu est de tenter de distinguer ce qui est historique et ce qui ne l'est pas. Comme nous l'avons vu, l'histoire rapportée par le récit deutéronomiste contient de nombreux points d'ancrage factuels. Ainsi, par exemple, les royaumes d'Israël et de Juda étaient tous deux des réalités historiques, confirmées par des preuves externes. S'il y a eu dans le royaume d'Israël un roi nommé Achab, de la maison d'Omri, s'il y a eu dans le royaume de Juda des rois de la maison de David, comme le prouvent l'inscription araméenne du IXe siècle avant J.-C. trouvée à Tell Dan ainsi que d'autres témoignages, il est évident que ces deux royautés ont eu des « pères fondateurs » à une époque antérieure. Il est également évident que la capitale d'Israël, Samarie, et la capitale de Juda, Jérusalem, se sont développées pendant une longue période jusqu'à leur destruction. Il n'y a pas de doute qu'il y avait à Jérusalem un temple qui a été détruit, puisque Jérusalem et le Temple ont été reconstruits à l'époque perse sur les ruines antérieures. Nous ne savons pas avec certitude si c'est la royauté qui a unifié les diverses composantes du peuple, ou bien si leur cohésion était antérieure à la royauté et a favorisé l'instauration de celle-ci. Ce qui est sûr, c'est qu'il a existé à un moment donné en terre d'Israël deux entités séparées, Juda et Israël, à la fois rivales et fortement unies, différentes des autres peuples environnants par leur conscience identitaire.

Quelle que soit l'identité du rédacteur deutéronomiste, il a eu besoin de témoigner que les liens entre les deux royaumes étaient bien des faits historiques véridiques. Son récit n'aurait pu avoir un tel retentissement dans la conscience collective d'Israël à la période perse ou hellénistique, s'il avait été une invention pure sans fondement et sans racine.

Individu ou peuple ?

La destinée du récit deutéronomiste appartient à ce que Marc Bloch appelle la « migration des manuscrits[1] ».

Ceux qui se sont risqués à reconstituer l'évolution du récit deutéronomiste en histoire officielle se sont perdus à la poursuite des avatars du texte et de ses

---

1. M. Bloch, *Apologie pour l'histoire ou le métier de l'historien*, p. 85 : l'errance de l'œuvre historique après sa composition, la précision ou la négligence des copistes sont « autant de traits par où s'expriment, au vif, les vicissitudes de la culture et le véritable jeu de ses grands courants ».

auteurs, si bien qu'on a fini par trouver une solution toute simple en parlant du « peuple écrivain ». Autrement dit, le récit deutéronomiste ne serait plus l'œuvre d'un seul ou de plusieurs écrivains anonymes, mais le produit du *Volksgeist* du peuple d'Israël à l'époque du premier Temple. L'« esprit du peuple » sert de substitut à la révélation, mais il n'a aucun fondement réel.

VII

POUR QUEL LECTEUR A ÉTÉ ÉCRIT LE RÉCIT DEUTÉRONOMISTE ?

Le livre et ses destinataires

Toutes les hypothèses rappelées dans le chapitre précédent ont en commun deux principes a priori.

En premier lieu, le récit deutéronomiste a été écrit pour un certain public qui y a eu accès soit par la lecture, soit de bouche à oreille. De toute évidence, par son message théologique et historique, cet ouvrage avait pour finalité d'influencer la conscience des contemporains, leurs idées politiques et religieuses à travers une reconstruction du passé. En conséquence, dès la période de sa rédaction, le récit avait déjà un public. Car si le livre, ou certaines de ses parties, devait transmettre un message d'actualité, s'il constituait une littérature de propagande, il avait des destinataires. Or, dans la mesure où le récit deutéronomiste est une œuvre historique complexe, cela suppose que ceux-ci savaient comprendre le texte dans toutes ses nuances, saisir le substrat, l'intertextualité sous-jacente, les allusions et, bien entendu, le message transmis. Selon certains chercheurs, les rédacteurs de la Bible auraient même visé différents niveaux de lecteurs, à la fois l'élite et les couches populaires.

En deuxième lieu, le récit deutéronomiste était le seul ouvrage historique répandu et important en Judée depuis le règne d'Ezéchias (– 727) jusqu'à la fin du royaume de Juda (– 586) ; il n'avait pas de concurrents en son temps (en effet, le livre des Chroniques qui l'utilise largement est postérieur au retour à Sion).

Beaucoup de questions se posent à propos du public de lecteurs d'avant la destruction du premier Temple.

Livre ou message ?

La seule preuve de l'existence d'un public connaisseur du livre[1] au pays de Juda est, comme nous l'avons dit, la Bible elle-même. Mais quelles étaient l'identité et l'étendue de ce public ? Est-ce que la majorité du peuple savait lire ou ce savoir était-il réservé à une élite composée de prêtres, de lévites, de membres de la cour, auquel cas il ne concernerait que quelques centaines de familles ? Sans nul doute, les membres de cette classe sociale savaient lire les documents officiels, les lettres en

1. Isaïe 30, 8.

tous genres[1] et peut-être aussi des récits littéraires et historiques. Pourtant, si tel était le public visé par le récit deutéronomiste, n'était-il pas trop limité pour que cela vaille la peine de se lancer dans une telle entreprise, d'autant que cette petite élite n'en avait sans doute pas besoin ?

Selon un fameux passage du livre de Néhémie, le scribe Ezra, de retour de Babylone, fit lecture du « livre de la Loi de Moïse » (8, 1) devant une multitude assemblée à Jérusalem « sur la place qui est en face de la porte des Eaux » (8, 3), puis Ezra et ses compagnons « lurent le livre de la Loi de Dieu d'une manière distincte, en indiquant le sens, et en faisant comprendre le texte » (8, 8). Il n'y avait, alors, qu'un exemplaire du « livre de la Loi de Dieu » (d'où la nécessité de le lire publiquement). Aux époques antérieures, il en allait de même. Ainsi, Samuel écrivit les règles de la royauté dans un livre « qu'il déposa devant le Seigneur » (I Samuel 10, 25). Ce seul et unique exemplaire se trouvait dans le Temple de Shilo. Il est donc vraisemblable que les annales citées dans les livres des Rois se trouvaient aussi entreposées, en un seul exemplaire, dans le palais du roi ou dans la bibliothèque du Temple.

Nous avons toutes raisons de supposer qu'il y avait d'autres livres en dehors de ceux cités dans la

1. Le terme de *sefarim* signifie en fait « lettres » et non « livres » : « Yéhu écrivit des lettres et les envoya en Samarie » (II Rois 10, 1 ; cf. Jérémie 36, 1, 4 ; 44, 1) ; « Il écrivit des lettres au nom d'Achab (I Rois 21, 8).

Bible et qu'ils n'étaient pas seulement écrits à la cour. L'élite du royaume de Juda n'était pas homogène. Dans les années qui vont de la réforme de Josias à la destruction du Temple (de – 622 à – 587), et peut-être avant, il y avait à Jérusalem une intense activité littéraire qui a produit plusieurs recueils de récits, des textes prophétiques, des écrits de propagande et de controverse cités en partie par la Bible. Jérémie dénonce ainsi « le stylet mensonger des scribes » (8, 8). Lui-même envoie un message prophétique aux « survivants parmi les Anciens de l'exil, aux prêtres, aux prophètes et à toute la population » (29, 1), mais là il ne s'agit pas d'un livre entier.

Bibliothèques et copies d'ouvrages

L'élite de Judée devait lire toutes sortes d'ouvrages dont nous ignorons la valeur littéraire, mais pouvait-elle aussi lire le récit deutéronomiste, partiellement ou intégralement ? Qui donc avait les compétences nécessaires pour comprendre la complexité de la structure de l'œuvre et ses finesses ? Le lecteur auquel se réfère souvent le chercheur est une sorte de lecteur « idéal », qui ne ressemble pas au lecteur des lettres officielles ou des œuvres littéraires simples, c'est un lecteur capable d'une lecture approfondie du texte dans toute sa complexité et sa subtilité.

Le grand public n'avait pas accès à la bibliothèque du palais, ni à celle du Temple. Pour autant que l'on sache, il n'y avait pas à Jérusalem de bibliothèques publiques ou privées. Ainsi, les exemplaires des livres devaient être extrêmement limités. Bien que la Bible ne mentionne aucune activité organisée de copie de manuscrits à Jérusalem, elle évoque néanmoins certaines lectures publiques. Ainsi Jérémie confie à son secrétaire, Baruch fils de Nériah, le soin de lire en public certaines de ses prophéties dans le Temple, « aux oreilles de tous les Judéens qui viennent de leurs villes » (Jérémie 36, 6).

Selon II Chroniques 17, 9, des envoyés du roi Josaphat, dignitaires, prêtres et lévites, « enseignèrent dans Juda, portant avec eux le Livre de la Loi de l'Éternel ; ils firent le tour de toutes les villes de Juda et instruisirent le peuple ». Sous le règne de Josias, quand on découvrit dans le Temple le seul et unique exemplaire du Livre de l'Alliance, il fut lu publiquement devant le peuple, « du plus petit au plus grand » (II Rois 23, 1-2). De tels témoignages attestent qu'il n'y avait qu'un seul exemplaire du Livre de l'Alliance et qu'il fallait envoyer des émissaires royaux de ville en ville pour en parler. Il se peut qu'il y ait eu un nombre restreint d'exemplaires que les lecteurs lisaient en Judée. Quant aux écrits historiques, si la cour du roi était responsable de leur rédaction, rien ne dit qu'elle se chargeait de les diffuser. Il est donc possible qu'il y en ait eu un seul exemplaire conservé dans la bibliothèque du palais. Dans ce cas quelle pouvait être son influence ?

Il ne subsiste aucun témoignage du temps d'Isaïe attestant de l'envoi d'émissaires chargés de faire une lecture publique des livres du récit deutéronomiste. Du reste, cela eût été inconcevable après, pendant toute la durée de la royauté, car les rois y sont accusés de graves péchés (reste toujours, il est vrai, la solution « magique » suggérant que la description négative des rois de Juda serait une addition tardive, postérieure à la destruction du Temple). Même si on admet que, dans les grandes assemblées, on récitait des épisodes de l'histoire ancienne ou récente, il est difficile de croire que le récit deutéronomiste ait pu en faire partie, car il est rempli de détails qui ne sont pas destinés à la lecture publique, par exemple la description du sanctuaire de Salomon ou la répartition des pouvoirs de la royauté. Par ailleurs, même chez un lecteur cultivé, l'écoute rend la compréhension du texte difficile, qui plus est lorsqu'il s'agit d'un texte aussi complexe que le récit deutéronomiste.

Si le texte biblique a connu plusieurs étapes de rédaction et de composition, il a dû être recopié plusieurs fois par des copistes professionnels. Chaque étape de composition suppose de nombreuses étapes d'écriture et, par voie de conséquence, de multiples étapes de copie et de diffusion. Pourtant, la Bible ne mentionne aucune de ces activités, et les écoles de scribes n'étaient pas destinées à recopier des livres pour le grand public.

Lecture publique et lecture privée

Il est important de rappeler que la lecture individuelle n'était pas d'usage dans le monde antique (en Grèce, elle n'a pas commencé avant le Ve siècle avant J.-C.). Le lecteur de l'Antiquité ne ressemble en rien au lecteur contemporain qui entretient consciemment un dialogue avec les œuvres lues ; il sait les déchiffrer grâce à sa culture et en saisir les analogies intertextuelles. Le lecteur antique n'étudiait pas un texte en lecture réitérative, comme les commentateurs et les exégètes des époques ultérieures, ou comme le bibliste d'aujourd'hui. En outre, un manuscrit était long de huit à dix mètres et renfermait environ vingt mille mots ; il fallait le dérouler pour le lire, ce qui empêchait la lecture approfondie qu'a permise part la suite le codex, fait de feuilles séparées et disposé en paragraphes.

On est donc en droit de supposer que le récit deutéronomiste n'existait qu'en un seul exemplaire confié à un nombre très restreint de personnes, lequel n'était pas encore diffusé dans le grand public à l'époque du retour à Sion, et même bien après. Il n'a donc pu atteindre le statut officiel et singulier qu'on veut lui attribuer dans la formation de la conscience historique en son temps. Tout ce que l'on peut dire, c'est qu'il y a eu un écrivain – ou une équipe d'écrivains – porteur de la mission d'écrire l'histoire du peuple. Celui-ci a mené à bien cette entreprise en réécrivant le texte premier et non pas en élaborant les récits eux-mêmes. Que le texte ait été destiné à la génération de l'exil de Babylone en quête de passé et d'un espoir de futur ne suppose pas forcément qu'il ait été écrit dans sa totalité à Babylone. Quoi qu'il en soit, les exilés de Babylone donnèrent à ce récit historique, le seul qui fût en leur possession, un statut d'autorité dont le contenu s'est fait connaître peu à peu d'un public plus large. Le récit deutéronomiste ne pouvait donc pas remplir cette fonction de conscience nationale et de mémoire historique collective à l'époque du premier Temple. Ce rôle devait lui être réservé dans les générations futures. Ainsi, selon le second livre des Maccabées, il existait « des archives et des mémoires » au temps de Néhémie (Ve siècle avant J.-C.) ; celui-ci aurait même fondé une bibliothèque en rassemblant « les livres concernant les rois et les prophètes, ceux de David et les lettres des rois relatives aux offrandes » (II Maccabées 2, 13). Il y est dit également que Juda Maccabée rassembla tous « les livres dispersés du fait de la guerre » (*ibid.* 14) après la purification du Temple en – 164. Nul doute que les livres de la Torah étaient largement connus du peuple à l'époque des Hasmonéens. Déjà, lors de la persécution d'Antiochus IV Épiphane, plusieurs exemplaires étaient en circulation : « Ils jetaient au feu, après les avoir déchirés, les livres de la Loi qu'ils trouvaient ; trouvait-on chez quelqu'un un livre de l'Alliance, quelqu'un était-il favorable à la Loi, l'édit du roi le condamnait à mort » (I Maccabées 1, 56-57).

La destinée du récit deutéronomiste

Nous sommes en présence d'un phénomène tout à fait exceptionnel. Toutes les productions historiques datant de l'époque du premier Temple ont disparu. Ce qu'il en reste est une œuvre historique et littéraire sans précédent qui s'est servie d'écrits antérieurs pour former un ouvrage homogène. Cette œuvre est née dans une petite ville royale, meurtrie par de violentes secousses et des crises internes et externes, après la destruction du premier Temple, parmi les exilés de Babylone, ou dans une petite communauté revenue à Sion bâtir le second Temple. Tout d'abord, ce livre fut la propriété d'un nombre restreint de personnes et sa mission n'était pas nécessairement la formation d'une nouvelle nation ou la création ex nihilo d'une nation, mais plutôt l'élaboration d'un tableau général – modelé selon une idéologie particulière – du passé qui est en partie de l'histoire, une histoire nationale. L'histoire du royaume de Juda devait inspirer l'apparition d'États nationaux[1], ce que n'a pu faire l'historiographie grecque puisqu'il n'y a jamais eu de nation grecque unifiée souveraine.

Le récit deutéronomiste n'est sans doute pas pure invention, il constitue une tentative remarquable

---

1. Les termes hébraïques de *am, goy* (peuple), *leom, ouma* (nation) ont été rendus en anglais par *nation* dans la fameuse traduction du roi James.

d'écrire l'histoire sur la base de faits réels, quand bien même sa vérité serait partielle et erronée. Il a influencé non seulement les générations qui suivirent et le peuple d'Israël, mais aussi le monde de la chrétienté. Il n'est donc pas étonnant que les personnages et les événements évoqués aient atteint un statut d'universalité, d'exemplarité et de symbolisme à la fois en tant que passé et qu'histoire.

VIII

L'« ISRAËL BIBLIQUE » A-T-IL EXISTÉ ?

Une invention de l'Israël biblique ?

De nos jours, l'histoire de l'Israël biblique est parfois l'objet d'un véritable révisionnisme idéologique. Un exemple frappant en est donné par l'ouvrage de Keith W. Whitelam, *L'Invention de l'ancien Israël et le silence de l'histoire palestinienne* (Londres, New York, 1996). Selon lui : premièrement, l'histoire d'Israël antique serait une « invention », deuxièmement, elle aurait occulté l'histoire des autres peuples païens, philistin et cananéen notamment, qui seraient les ancêtres « biologiques ». Cette théorie, totalement dénuée de fondement, demeure extrêmement marginale même au sein de la société arabe palestinienne où elle a commencé à se faire jour au début du XXe siècle, dans le contexte de la rivalité entre Juifs et Arabes pour la terre. Whitelam veut ignorer le fait que la Bible est le seul ouvrage historique retraçant l'histoire du pays d'Israël ou de Canaan sur plusieurs siècles. Sans elle, nous ne disposerions que de quelques rares documents externes à la Bible pour cette longue période, et nous ne saurions rien de l'histoire de la population. En admettant que cette histoire soit mythique et partielle parce que écrite par les « vainqueurs », le centre du récit n'en demeurerait pas moins la transformation des tribus d'Israël en peuple, ce qui l'apparente aux récits fondateurs d'autres nations. Par ailleurs, si la Bible avait eu pour propos de présenter le récit complet de l'histoire d'Israël après son installation, elle aurait dû décrire les étapes d'intégration d'autres peuples non israélites au sein de la population israélite, ce qu'elle ne fait qu'effleurer.

Tradition et antiquité

Les divers peuples de l'antiquité du Moyen-Orient se sont vantés d'avoir une longue histoire ancienne. Cette conviction, qui date d'avant la conquête macédonienne, s'est accrue en réaction au défi représenté par l'hellénisme. Dans cette perspective, toute civilisation qui peut se targuer d'une haute antiquité possède une supériorité sur des civilisations plus récentes. Ainsi, les prêtres égyptiens se prévalaient auprès du législateur athénien Solon d'être un peuple huit fois millénaire, riche d'une longue mémoire historique, consignée par écrit, tandis que les Athéniens étaient dépourvus de tradition ancienne (*Timée,* 21-6).

La Bible, elle, présente le peuple d'Israël comme un peuple nouveau venu dans l'histoire, né des conséquences d'un événement fondateur, la sortie d'Égypte. Le peuple s'est forgé dans sa longue errance au désert sous le regard de Dieu ; comme le dit le long poème de Deutéronome (32, 10) : « Il le rencontre dans une région déserte, dans les solitudes aux hurlements sauvages, il le protège, il veille sur lui, le garde comme la prunelle de son œil. » Le prophète Ezéchiel, quant à lui, rappelle les origines païennes de Jérusalem avant la conquête de David : « Ainsi parle le seigneur Dieu à Jérusalem : Le lieu de ton extraction et ton pays natal, c'est la terre de Canaan ; ton père était amorréen et ta mère hittite » (Ezéchiel 16, 3).

À l'époque du second Temple se produisit une révolution dans la conscience historique du peuple d'Israël : on passa de la conscience d'être « nouveau » à l'intime conviction d'être « antique ». Cette révolution trouve son expression dans l'ouvrage de Flavius Josèphe, les *Antiquités juives*, en vingt livres, écrit vers l'an 95 : l'antiquité du peuple juif, comparable à celle d'autres vieux peuples de l'Orient, lui donne ses lettres de noblesse face aux Grecs et aux Romains qui ne peuvent produire la preuve d'une histoire aussi longue.

Le récit biblique des origines d'Israël a fait durant plusieurs siècles l'unanimité absolue auprès des juifs, des chrétiens et des musulmans. C'est seulement à l'époque contemporaine qu'ont commencé à se faire entendre quelques voix discordantes, isolées au début, sur la fiabilité des traditions bibliques, sur la vie des Patriarches, l'esclavage et la sortie d'Égypte, la conquête de Canaan par Josué, et la période des Juges, et plus récemment l'époque royale. En fin de compte l'« Israël antique », autrement dit l'« Israël biblique », n'apparaît plus que comme une « invention » tardive, fruit non pas de l'histoire mais d'une historiographie. Cette invention serait née à la période du second Temple afin de donner au peuple d'Israël une histoire remontant à des origines anciennes, et expliquant sa constitution en tant qu'entité historique, ethnique, religieuse et politique. Des écrivains engagés, peut-être même des mythographes, auraient ainsi inventé non seulement une histoire du peuple, mais un peuple tout court.

Cette thèse appelle quelques remarques préalables. Affirmer l'historicité de l'Israël antique ne signifie pas défendre l'exactitude du récit biblique dans ses moindres détails. Un peuple peut constituer une entité ethnique distincte et spécifique de son point de vue et celui des autres, et développer à la fois un récit de ses origines qui revêt un caractère mythique et légendaire ou ne contient qu'un noyau historique enrobé de légendes. Le mythe des origines et les légendes populaires sont, assurément, indissociables de la mémoire historique de nombreux peuples. Pour prendre un exemple célèbre, l'historien grec Thucydide reconnaît qu'il a du mal à croire la tradition antique des origines grecques parce que de nombreuses histoires manquent de précision et d'exactitude, d'autres en sont totalement dépourvues et appartiennent au domaine du mythe[1]. Cela n'invalide pas pour autant l'antiquité des peuples concernés. Par ailleurs, le besoin de mythe prouve l'existence d'une conscience de soi, d'une identité singulière, sinon d'une conscience d'être singulier. Même si la recherche ne peut déterminer avec certitude les origines du peuple d'Israël, ce qui est en question n'est pas la crédibilité du récit mais le pourquoi de ce récit qui tient lieu de récit des origines.

Le parallèle philistin

À titre de comparaison, je prendrai l'exemple d'un peuple ennemi acharné d'Israël, selon la Bible, les Philistins. D'après des sources égyptiennes, les Philistins, originaires de l'est de la mer Égée ou des rives occidentales de l'ouest d'Asie Mineure[2], s'installèrent au XIIe siècle avant notre ère sur les côtes d'Israël. La recherche diverge seulement sur les causes de cette installation : résulte-t-elle d'une conquête militaire ou d'une initiative du pharaon Ramsès III (1198-1168) au cours de la huitième année de son règne ? Quoi qu'il en soit, la colonisation fut très importante et les Philistins, qui étaient un peuple étranger, fondèrent des villes grandes et petites tout au long de la côte, de Gaza au sud jusqu'au Yarkon au

---

1. *Guerre du Péloponnèse*, I, 20-21.
2. Selon la Bible, ils provenaient de Crète (*Kaphtor*, en égyptien *Keptiu*).

nord. L'archéologie a permis de découvrir cinq villes philistines énumérées en I Samuel 6, 17 : Ashdod, Ashkelon, Ekron, Gaza et Gath qui constituaient la Pentapole dominée par les « princes des Philistins ». Cependant, aucun témoignage autre que biblique n'atteste des guerres que se livrèrent les tribus d'Israël et les Philistins. Étant donné que les Philistins n'ont laissé aucune trace écrite, la Bible et l'archéologie sont les seuls témoins – du reste assez pauvres – de la présence des Philistins et de leur histoire interne. On sait seulement que la civilisation philistine s'assimila rapidement aux populations cananéennes locales dont elle adopta de nombreux traits. Selon des témoignages assyriens, l'identité philistine était encore distincte au VIIe siècle avant notre ère, au moment de la conquête assyrienne. Cependant, malgré l'absence de trace écrite, aucun chercheur ne met en doute la présence des Philistins, quelle que soit l'origine qui leur est attribuée.

On est donc en droit de se demander quelle logique il y a à admettre comme une évidence l'existence d'une entité philistine, tout en niant celle du peuple d'Israël, précisément parce qu'elle a laissé des traces écrites sur ses origines et son histoire. Le fait que le passé ancien soit consigné dans un livre doit-il précisément éveiller un soupçon sur la crédibilité de ce passé ?

Les Philistins et Israël

En fait, l'existence même des Philistins en Canaan apporte la preuve de celle d'Israël pour une raison toute simple : le scribe-historien de la Bible connaissait la présence de peuples voisins – Philistins, Moabites et Ammonites – et leurs caractéristiques. Ce qu'il écrivit au VIIe ou au VIe siècle avant J.-C. ou même plus tard ne provenait pas d'une tradition orale mais de sources écrites. Il aurait pu tirer de son imagination créatrice des légendes sur Samson, David et Goliath ou la fuite de David à Gath auprès du roi Akhish ; il aurait pu même inventer une guerre entre Saül et les Philistins, mais tout cela n'eût pas été possible s'il n'avait à sa disposition des sources écrites. Même si nous n'attribuons pas à ces récits une véracité totale, nous ne pouvons nier le noyau historique du conflit entre les Philistins et l'Israël antique.

La probabilité que Saül et David aient été des chefs locaux qui œuvraient à unir les tribus pour lutter contre les Philistins n'apprend rien sur les origines des tribus d'Israël, sur les raisons de leur présence en Canaan et sur leur expansion. La recherche suggère seulement différentes hypothèses ou parallèles : on peut supposer qu'ils sont arrivés en Canaan de l'étranger, comme d'autres peuplades de l'aire sémitique occidentale, les Amorréens, venus du nord à la fin du troisième millénaire et au début du deuxième millénaire, ou bien les Hourites qui les suivirent de quelques centaines d'années. Selon une autre hypothèse, les tribus d'Israël seraient des populations autochtones qui s'adaptèrent progressivement à l'évolution survenue dans la région, fondèrent des villes, développèrent l'agriculture et l'élevage.

Migrations et constitution de royaumes

Au deuxième millénaire avant l'ère courante, de grands bouleversements se produisirent dans la région en raison des migrations des peuples et de l'affaiblissement du pouvoir égyptien en Canaan, ce qui provoqua des mutations démographiques. Aux XIIe et XIe siècles, les tribus d'Israël commencèrent à composer une entité distincte, différente même des villes cananéennes du royaume. Probablement, la population de Canaan s'accrut et forma une nouvelle société qui se développa et se renforça. Dans les inscriptions babyloniennes et assyriennes du premier millénaire, on ne trouve aucune allusion à une autre force politique en Canaan, si ce n'est les royaumes de Juda et d'Israël. La majorité de la population de Canaan devait donc se compter parmi les sociétés des royaumes de Juda et d'Israël. La question de savoir si les deux sociétés étaient distinctes dès le début ou s'il y a eu un seul royaume qui s'est scindé en deux après la mort de Salomon n'a finalement pas d'importance. L'existence des deux royaumes est une réalité historique incontestable confirmée par l'archéologie. L'inscription araméenne de Tell Dan témoigne que la dynastie de David était connue déjà au IXe siècle avant notre ère. Les inscriptions assyriennes attestent que les rois d'Assyrie distinguaient entre *Ioudaya* (Juda) et Israël, entre le Samaritain *(Samirinaya)* ou l'Israélite.

Le rédacteur biblique attribue aux deux royaumes une origine et un passé communs. C'est pourquoi le livre de Josué raconte la conquête organisée de Canaan par toutes les tribus d'Israël. Il s'agit d'un récit rétrospectif ou bien de récits étiologiques locaux transformés en saga nationale. L'hégémonie des tribus d'Israël fit ainsi perdre aux Cananéens leur identité propre et leur mémoire historique. Ce n'est du reste pas le seul cas d'une population qui se serait fondue dans un groupe dominant sans laisser derrière elle aucune trace de son passé.

Selon la Bible, les royaumes de Juda et d'Israël, qui différaient sur le plan religieux et culturel, s'affrontèrent à certains moments. À d'autres, ils collaborèrent et conclurent des alliances matrimoniales. S'il n'y avait pas eu entre eux une certaine ressemblance ethnique et culturelle, ils n'auraient pas éprouvé le besoin de se créer une tradition antique commune et, sans cette ressemblance, le royaume de Juda n'aurait pas adopté et assimilé des traditions historiques du royaume d'Israël, pensent certains chercheurs. Sans cette similitude, après le retour d'exil, ils n'auraient pas nommé tout le peuple « Israël » et la terre elle-même « pays d'Israël ». Au

Moyen-Orient antique, la parenté ethnique et culturelle n'a jamais empêché les rivalités politiques.

Jérusalem

Jérusalem était au début du IXᵉ siècle avant J.-C. la capitale royale de Juda alliée à la dynastie des Omrides d'Israël. Le roi Josaphat épousa Athalie, fille d'Achab, roi d'Israël et de la princesse phénicienne Jézabel ; cette petite-fille d'Omri régna (de – 841 à – 834) sur Juda, avant d'être renversée par une révolte de palais (II Rois 11). Des découvertes archéologiques ont révélé l'existence de liens commerciaux entre Jérusalem et les cités de la côte phénicienne au VIIIᵉ siècle ; la ville devint ainsi un centre important capable de résister à un siège. Pourtant, seule la Bible évoque l'édification de la cité de David et de Salomon. La description idéalisée d'un royaume puissant et florissant au temps de la royauté unifiée sous David et Salomon évoquerait, selon certains, un « âge d'or » que l'on regrette et que l'on veut recréer. Pour d'autres, toute remise en question du règne de David et de la grandeur de Jérusalem ébranle non seulement les fondements de l'histoire juive, mais aussi ceux de la civilisation chrétienne qui fait du Messie le descendant de David et considère Jérusalem comme un symbole.

Athènes n'est devenue un symbole que grâce à son régime politique et à la richesse de sa philosophie, et non par son étendue géographique. De même, Jérusalem doit sa renommée non à ses monuments ou ses remparts, mais à la signification que la Bible lui a donnée. Le fait que les exilés de Babylone soient revenus à Jérusalem à partir de – 538 et que, avec l'aval de Cyrus, roi de Perse, ils y aient rebâti le Temple détruit, là et non ailleurs, signifie qu'ils gardaient vivant le souvenir de la grandeur de la cité à l'époque du premier Temple.

En somme, nous ne disposons pas de sources capables de confirmer les dires de la Bible sur l'histoire intérieure des royaumes d'Israël et de Juda, mais nous venons de voir que nous avons de nombreuses preuves extra-bibliques qui attestent d'un système politique et administratif avancé. Autrement dit, si la population de Canaan était hétérogène du point de vue religieux et ethnique, elle s'est fondue en une seule entité ethnique par la force de la réalité, en l'occurrence l'effet d'une royauté centralisée.

Chaque peuple a une origine

Par conséquent, même s'il semble que le récit de l'histoire des origines est une création tardive de la Bible, il n'y a aucune raison de refuser son noyau historique. Une nouvelle entité installée en Canaan est devenue le fondement d'un peuple conscient de son identité singulière et indépendante. Son origine remonte au moins au début du Xe ou du IXe siècle avant notre ère. Il faudrait croire aveuglément dans le pouvoir d'invention et de manipulation d'une élite sociale pour faire de la tradition biblique de l'Israël ancien un récit inventé de toutes pièces après la destruction du premier Temple, qui fut sans nul doute un tournant dans l'histoire.

Le récit historique de la période de la royauté est, certes, serti de légendes. Il est difficile d'admettre qu'au temps de David et Salomon un royaume local ait réussi à se transformer en « empire » puissant et prospère, allié de l'Égypte, comme semble le dire la Bible. Certains chercheurs ont de ce fait cherché à établir une correspondance entre l'histoire égyptienne des pharaons et l'histoire de la royauté de David et de Salomon. Ainsi Salomon aurait emprunté à l'Égypte différents traits de son système politique et administratif. D'autres suggèrent une reconstitution imaginaire fondée sur les changements radicaux dans la chronologie conventionnelle afin de prouver que le royaume de Salomon était bien grand, riche et allié de l'Égypte et que la reine égyptienne Hatshepsout était en fait la reine de Saba !

Laissons là ces vaines tentatives. L'absence de preuves extra-bibliques n'invalide pas l'historicité de cette période. Ce ne serait pas le seul cas où une écriture tardive de l'histoire transforme une époque ancienne en âge d'or et habille les rois anciens de légendes.

Une révolution dans l'écriture de l'histoire

Revenons donc à la question posée plus haut : pourquoi le super-historien biblique – qu'il ait écrit au VIIIe, au Ve ou au IVe siècle avant l'ère courante – aurait-il inventé un récit des origines et un récit historique comme ceux que l'on trouve dans la Bible ? À quoi bon inventer une histoire où, après la conquête de Canaan et l'installation sur le territoire, les tribus se séparent pour lutter contre l'ennemi ? Pourquoi raconter la lutte pour le pouvoir qui opposa Saül à David et pourquoi attribuer au roi fondateur, David, une double facette qui fait de lui parfois presque un traître (lorsqu'il servit le roi philistin Akish) ? Une histoire entièrement réécrite n'eût-elle pas dû être dépourvue d'ombres, de luttes internes, de complots de cour, etc. ?

À cela on ne peut répondre que par des hypothèses.

La décision révolutionnaire même, prise par le rédacteur deutéronomiste et ses continuateurs, fut de raconter l'histoire du peuple en continu et non pas seulement l'histoire de tel roi ou de telle guerre. Il entreprit d'écrire non pas des annales ou une chronique, mais un récit de caractère épique. Il s'agit non seulement d'un recueil de faits, mais d'un recueil de faits liés à une épopée nationale qui a une signification théologico-historique. Une telle entreprise l'oblige à raconter le récit le plus complet possible et donc à faire usage de toutes sortes de sources différentes. Plus le récit se réfère à une période éloignée de celle du rédacteur, moins celui-ci hésite à se servir de traditions légendaires et à mêler au texte des récits de miracles ainsi que des épisodes biographiques. Au contraire, lorsqu'il en vient à des événements contemporains, son récit se fait plus concis. Son projet de raconter l'histoire de façon détaillée et continue l'a conduit à embrasser une vaste période qui va des origines et de la formation d'une nation jusqu'à la destruction du Temple et l'exil. Il a donc dû se servir de sources variées qui sont devenues la matière de son ouvrage. Si l'œuvre avait été le fruit d'une imagination créatrice, il faudrait l'attribuer à un écrivain ou des écrivains doués d'une imagination fertile et débridée. À la question posée, il n'y a pas de réponse plus logique que celle-ci : ces récits étaient tout simplement disponibles, ils faisaient partie d'une tradition écrite ou orale transmise par les générations antérieures, que le rédacteur ne voulait pas perdre, et dont il avait besoin pour composer son récit, c'est-à-dire l'histoire ininterrompue de l'Israël ancien et des traditions qui étaient à ses yeux l'*histoire* comme il l'entendait.

Ce projet dut être favorisé par la conscience nationale qui se développa entre l'époque d'Ezéchias et celle de Josias, surtout après la destruction du royaume du Nord et l'affaiblissement de l'empire assyrien (après – 623). Cette conscience nationale entraîna une réforme religieuse qui ne fut pas seulement une réforme du culte mais se fonda sur un « livre ancien de lois » exprimant l'alliance de Dieu avec son peuple. Le récit deutéronomiste est l'expression de cette conscience nationale et religieuse nouvellement apparue en Juda. En effet, le rédacteur du récit deutéronomiste ne cache pas que le peuple avait continué à pratiquer l'idolâtrie, comme en témoigne aussi Jérémie : « Mais au contraire, nous sommes résolus à faire tout ce que nos lèvres ont proféré : brûler l'encens à la Reine des cieux, répandre des libations en son honneur, comme nous l'avons fait nous et nos pères, nos rois et nos princes, dans les villes de Juda et les rues de Jérusalem, car alors nous mangions du pain à satiété, nous vivions heureux et nous ne connaissions pas les revers. Mais le jour où nous avons cessé de brûler l'encens à la Reine des cieux et de lui offrir des libations, nous avons manqué de tout et nous avons été décimés par le glaive et la famine » (Jérémie 44, 17-18).

Le rédacteur deutéronomiste veut donc promouvoir la réforme religieuse et léguer aux générations futures une leçon de théologie historique et de comportement. C'est le but qu'il poursuit en racontant au peuple son histoire, sans en cacher les zones d'ombre et les côtés négatifs.

Ainsi, un groupe d'« intellectuels » critiques du passé lointain ou proche et porteurs d'une vision utopique du futur ont réécrit le passé et offert au peuple, en des temps de crise profonde, une histoire pleine et pluridimensionnelle. Le résultat en a été une œuvre littéraire unique en son genre, miracle étonnant de talent et de création, qui demeure pour les générations futures un ouvrage historique renfermant tout un univers.

IX

AU-DELÀ DES ENJEUX IDÉOLOGIQUES

La terre d'Israël et le pays de la Bible

Flaubert écrit à sa mère le 25 août 1850 :

> Mais le pays, en revanche, me semble superbe, contre sa réputation. On ne pense pas à la Bible ; le ciel, montagnes, tournure des chameaux (oh ! les chameaux), vêtements des femmes, tout s'y retrouve. À chaque moment, on en voit devant soi des pages vivantes. Ainsi, pauvre vieille, si tu veux avoir une bonne idée du monde où je vis, relis la Genèse, les Juges et les Rois[1].

Flaubert n'a pas entrepris son voyage en Orient dans l'esprit d'un pèlerin ou d'un romantique. Ses impressions sur la situation du pays et de ses habitants sont extrêmement négatives, presque déprimantes : il trouve le pays plongé dans la misère,

---

1. Flaubert, *Correspondance*, t. I., la Pléiade, p. 673.

l'abandon, l'ignorance et les préjugés. Cependant, il le regarde également à la lumière des Écritures saintes. À ses yeux, la terre d'Israël est la terre de la Bible, non pas parce que la Bible s'y est formée, mais parce que la Bible l'a façonnée et transformée en une source d'inspiration éternelle. Il n'était pas nécessaire de faire le voyage au XIXe siècle pour vivre dans l'Israël biblique et s'imprégner de ses émotions. D'autant que le voyage ne pouvait que renforcer le sentiment de décalage qui existait entre la terre biblique et le pays réel. En dépit de l'abîme entre le tableau idyllique du passé et la réalité du présent, de nombreux voyageurs européens, dont Flaubert, ne purent s'affranchir de l'impression qu'ils visitaient un pays dont les paysages faisaient partie intégrante de leur enfance et éveillaient en eux des souvenirs anciens, familiers.

La religieuse Égérie narre dans une lettre son voyage en terre d'Israël à la fin du IVe siècle selon « le récit des Écritures saintes », c'est-à-dire selon le Nouveau Testament. Les Écritures saintes ressuscitent le passé lointain et le transforment à la fois en « réalité » historique et transhistorique. Les récits des pèlerins du Moyen Âge et ceux des voyageurs de l'ère moderne sont remplis de ce sentiment de contraste entre un pays imaginaire et un pays réel. Presque toujours le pays imaginaire supplante le pays réel : au cours de leur itinéraire de site en site, ils voyagent avec le Livre comme guide mais surtout ils voyagent *dans* le Livre. Le passé lointain, biblique, est ce qui donne au paysage et aux divers lieux leur valeur et leur signification. Le voyage en Terre sainte a pour but de découvrir ces lieux de visu. La recherche, elle, vise à identifier les lieux décrits par le Nouveau Testament. Tandis que le voyage est destiné à parcourir l'histoire, sacrée et profane, à laquelle il donne une épaisseur concrète et matérielle, la recherche ajoute de la connaissance et confirme l'Écriture sainte. Aucun pèlerin, aucun voyageur n'a mis en doute la véracité historique des faits évoqués dans la Bible. Au contraire même, la visite des lieux saints renforce le sentiment que ces faits sont à la fois une vérité historique et une histoire sainte. Si la réalité évoquée par la Bible a une signification, c'est celle que lui donne la Bible et non l'inverse. La période biblique n'est pas seulement ou essentiellement une période historique, elle est, avant toute chose, la période racontée par la Bible. Les événements rapportés par la Bible ne sont pas importants en tant que tels, mais leur importance découle de ce que la Bible les a décrits.

L'archéologie biblique comme preuve

Le besoin de concrétiser la réalité décrite par la Bible a commencé par l'identification des sites et s'est poursuivi par la recherche archéologique. Celle-ci s'est développée à l'ère moderne pour deux raisons : d'une part l'apparition de la nouvelle science biblique qui a remis en question la crédibilité du récit biblique, d'autre part l'apparition du mouvement national juif (le sionisme) qui souhaitait transformer le texte biblique en réalité nouvelle. L'archéologie visait déjà à donner à la Bible une fiabilité et un caractère concret, autrement dit une dimension réelle, à l'histoire sainte. Pour la nouvelle société juive à partir de 1880, il s'agit de prendre appui sur la Bible pour recouvrer un territoire national et donner une profondeur historique et des racines à une société d'immigrants. La Bible ne pouvait se soutenir « toute seule », « s'éclairer de sa propre lumière », elle avait besoin du secours de la recherche et surtout de l'archéologie. Étant donné que la lutte nationale pour la terre était sous-tendue par l'idée selon laquelle la foi en la Bible fondait le « droit historique » ou le « droit des ancêtres », cette foi paraissait essentielle et fondamentale à une partie du mouvement sioniste pour laquelle la Bible était source de légitimité. L'archéologie devenait donc un outil précieux contre les détracteurs du sionisme en montrant que la Bible était bien une source historique sûre, et que la période antérieure à la destruction du premier Temple était bien une période historique où le peuple d'Israël avait un statut d'entité ethnique, religieuse et politique unique en son genre, une présence et une prédominance sur la plupart du territoire.

La recherche archéologique ne se contenta pas d'identifier et de décrire des sites, mais elle fouilla des sites connus ou supposés célèbres, afin de les rendre concrets, de combler l'information apportée par la Bible, et de la situer dans un contexte historique plus vaste. À nouveau, il faut souligner que même si l'information tirée de la Bible n'était pas toujours confirmée, le noyau historique l'était de sorte que l'archéologie attestait que le peuple d'Israël biblique n'était pas une invention.

Archéologie et sionisme

Néanmoins, la conception selon laquelle la Bible occulte l'existence des autres peuples en terre d'Israël est irréaliste. Sans la Bible, nous ne saurions rien d'eux, notamment des Philistins. Quant à l'idée selon laquelle la population arabe en terre d'Israël – les Palestiniens – descend directement de la population non juive de cette période, elle n'a aucun fondement. L'invasion musulmane du territoire byzantin au VIe siècle de l'ère chrétienne n'aurait pu imaginer une telle allégation pour justifier la conquête arabe de la terre d'Israël. C'est seulement au début du XXe siècle, en réaction contre l'idéologie de restauration nationale du sionisme (qui comptait sur le soutien de certains chrétiens), que cette idée est apparue. Le seul argument historique valable des Arabes ne peut que se fonder sur l'invasion arabe du VIe siècle et sur l'islamisation qui suivit. L'histoire arabe ne commence réellement qu'en ce siècle-là.

À ses débuts, l'archéologie de la terre d'Israël marcha sur les traces de la Bible, car sans la Bible elle avait peu de base. Le Livre guida les pionniers de l'archéologie biblique, tout d'abord des chercheurs chrétiens venus des pays occidentaux dès le milieu du XIXe siècle, puis, vers 1920, des chercheurs juifs et israéliens, puisque le Livre était le seul à donner la clé de la période biblique. Il n'est donc pas étonnant que l'archéologie biblique soit devenue la cible des attaques. Selon ses détracteurs, elle serait une « archéologie engagée » au service du projet national, voire « colonial » du sionisme. L'archéologie imaginaire aurait gauchi les preuves sur le terrain afin de donner à la Torah – la « charte » du sionisme – une crédibilité qu'elle n'avait pas. Par conséquent, tandis qu'une partie de la recherche suit la Bible livre après livre pour prouver sa véracité, une autre au contraire tente de prouver l'inverse : la Bible serait une fabrication sans fondement dans la réalité historique du passé antique.

Nous avons vu combien cette conception repose sur des hypothèses et des a priori, tout autant que le point de vue adverse. Elle se fonde sur des parties du récit biblique indémontrables et en occulte d'autres qui pourraient être démontrées. Si l'État des Maccabées est une réalité historique, si le retour à Sion est un événement réel, si les royaumes de Juda et d'Israël ont bien existé, alors tous ces faits ont un passé historique ancien, un point de départ. La difficulté de reconstituer la totalité du passé et d'y croire ne doit pas invalider son existence même. Si nous considérons que l'histoire du peuple d'Israël a une conscience propre seulement depuis le VIIIe siècle avant l'ère courante, il reste que celle-ci plonge ses racines dans un passé ancien et continu. Si le peuple hébreu ne formait pas une nation au sens moderne du terme, il a donné au monde occidental un modèle de nation et de royauté nationale. On comprend alors pourquoi l'idéologie postnationale ou antinationale juge sévèrement la Bible pour cette même raison. L'antisionisme adopte une même attitude envers la Bible parce qu'elle pourrait légitimer la souveraineté juive en terre d'Israël.

L'unicité de la Bible

L'utilisation idéologique de la Bible et de son rapport avec l'archéologie ne doit pas être un obstacle à la recherche historique impartiale. Ce type de recherche rejette l'idée selon laquelle la totalité du récit biblique serait une invention tardive, et soutient au contraire qu'il comporte un noyau solide de vérité : l'Israël biblique est historiquement prouvé et il y a une continuité entre ce dernier et l'Israël postbiblique qui s'enracine dans la réalité. Le passé ancien du peuple d'Israël est une partie de l'histoire de ce peuple. Les inscriptions et autres vestiges de ce passé ancien sont le patrimoine culturel de ce peuple et non pas d'un pays ou d'un régime politique quel qu'il soit. La Bible est le lien qui relie ce peuple aux lieux du passé et aux vestiges redécouverts, c'est-à-dire à son histoire et à sa civilisation anciennes.

Au-delà de tout cela, la Bible a une vie en dehors de l'histoire. Elle a modelé la conscience nationale et une connaissance du passé des juifs et des chrétiens.

Mais la Bible n'est pas seulement un recueil d'archives ou de récits historiques, elle est un réservoir inépuisable de paradigmes, de symboles, de métaphores dans tous les domaines de la vie et du comportement humain, public et privé. Peu importe qu'elle ait été rédigée au VIIIe siècle ou au VIe siècle, elle demeure une œuvre prodigieuse, unique, qui a vu le jour au sein d'un petit peuple doué d'une conscience aiguë de son unité. Grâce à ses traductions en mille cinq cents langues ou dialectes différents, elle a imprimé sa marque profonde sur la civilisation humaine tout entière. En ce sens, la Bible en général, et le récit deutéronomiste en particulier, constitue le livre historique par excellence et l'histoire qu'elle rapporte est, de toutes les histoires connues, celle qui aura eu le plus d'influence.

Pour conclure

En fin de compte, mon propos n'était pas d'offrir ma version personnelle du processus d'élaboration du récit deutéronomiste – à savoir l'histoire du peuple d'Israël depuis l'époque de la conquête de Josué jusqu'à la destruction de Jérusalem et l'exil de Babylone. Mon propos est de montrer qu'il n'y a pas forcément de rapport entre le processus d'élaboration et la crédibilité historique du récit. Rien ne prouve que le récit – partiellement ou dans sa totalité – ait été écrit à des fins de propagande royale, ou pour façonner la conscience historique du peuple. Il est donc impossible de mettre en doute sa crédibilité en affirmant qu'il est a priori un récit de propagande, ou une « histoire engagée ». La fiabilité historique du récit doit – et peut – être jugée uniquement par une lecture combinant une compréhension de la vision théologique sous-jacente au récit, et une analyse comparative entre le récit et l'ensemble des témoignages externes non bibliques qui sont à notre disposition. Il faut aussi souligner que le récit deutéronomiste ne se propose pas de raconter toute l'histoire du peuple d'Israël à l'époque du premier Temple, mais une histoire partielle propre à éveiller la réflexion. Il ne fait pas de doute que l'histoire réelle du peuple d'Israël durant la période biblique fut beaucoup plus riche en événements que ce que nous en livre l'histoire biblique.

BIBLIOGRAPHIE

ACKROYD, P. R, « Criteria for the Maccabean Dating of Old Testament Literature », *Vetus Testamentum*, III, 1953, pp. 113-132.

AMIT, Yairah (*et alii* éd.), *Essays on Ancient Israel in its Near Eastern Context : A Tribute to Nadav Na'aman*, Winona Lake, Indiana, 2006.

BORDREUIL, Pierre, et BRIQUEL-CHATONNET, Françoise, *Le Temps de la Bible*, Fayard, 2000.

BRETTLER, Marc Zvi, *The Creation of History in Ancient Israel*, Londres et New York, 1995.

CARR, David M., *Writing on the Tablet of the Heart : Origins of Scripture and Literature*, Oxford University Press, 2005.

CARRIÈRE, Jean-Marie, « L'historiographie deutéronomiste, une manière d'écrire l'histoire », in *Comment la Bible saisit-elle l'histoire ? XXIe congrès de l'Association catholique française pour l'étude de la Bible* (Issy-les-Moulineaux, 2005), Le Cerf, 2007.

COHEN, Yoram, « Kidin-Gula-The Foreign Teacher at the Emar Scribal School », *Revue d'assyriologie* XCVII (2004), pp. 81-100.

COLLINS, John J., *The Bible after Babel : Historical Criticism in a Postmodern Age,* Grand Rapids, Michigan, 2005.

CORNFELD, Gaalyah, *Archaeology of the Bible, Book by Book,* San Francisco, 1976.

DAVIES, Philip R., *In Search of « Ancient Israel »*, Sheffield, 1992.

DAVIS, Thomas W., *Shifting Sands : The Rise and Fall of Biblical Archaeology*, Oxford University Press, 2004.

DEVER, William G., *Who were the Early Israelites and where did they come from ?* Grand Rapids, Michigan, 2003.

EYNIKEL, Erik, *The Reform of King Josiah and the Composition of the Deuteronomistic History*, Brill, 1996.

FAUST, Avraham, *Israelite Society in the Period of the Monarchy : an Archaeological Perspective,* Jérusalem, 2005 (en hébreu).

FINKELSTEIN, Israël et SILBERMAN, Neil Asher, *La Bible dévoilée : les nouvelles révélations de l'archéologie,* traduit de l'anglais (États-Unis) par P. Ghirardi, Bayard, 2002.

–, *Les Rois sacrés de la Bible : à la recherche de David et Salomon,* traduit de l'anglais (États-Unis) par P. Ghirardi, Bayard, 2006.

GREENSTEIN, Edward L., *Essays on Biblical Method and Translation*, Atlanta, Géorgie, 1989.

GROSS, Walter (éd.), *Jeremia und die « deuteronomistische Bewegung »*, Bonn, 1995.

HAHN, Herbert F., *The Old Testament in Modern Research*, Londres, 1956.

HANDY, Lowell K. (éd.), *The Age of Solomon : Scholarship at the Turn of the Millennium,* Leyde, 1997.

HARN, Menahem, *The Biblical Collection : Its Consolidation to the End of the Second Temple Times and the Changes of Form to the End of the Middle Ages,* vol I., Jérusalem, 1996 (2ᵉ éd., en hébreu).

–, « On the Diffusion of the Literacy and Schools in Ancient Israel », *in* Emerton, J. A. (éd.), *Congress Volume. Jerusalem, 1986,* VTSUPP, 40, Leyde 1988, pp. 81-95.

HOGARTH, David G., *Authority and Archaeology. Sacred and Profane Essays on the Relation of Monuments to Biblical and Classical Literature,* Londres, 1899.

KAESTLI, Jean-Daniel, et WERMELINGER, Otto (éd.), *Le Canon de l'Ancien Testament : sa formation et son histoire,* Genève, 1984.

KITCHEN, K.A., *On the Reliability of the Old Testament,* Winona Lake, Indiana, 2003.

KOFOED, Jens K., *Text and History : Historiography and the Study of the Biblical Text,* Winona Lake, Indiana, 2005.

LARSEN, Mogens T., *The Conquest of Assyria : Excavations in an Antique Land, 1840-1860,* Londres, 1996.

LAUGHLIN, John C.H., *Archaeology and the Bible,* Londres et New York, 2000.

LEMAIRE, André, *Les Écoles et la formation de la Bible dans l'ancien Israël,* OBO 39, Göttingen, 1981.

–, *Prophètes et rois, Bible et Proche-Orient,* Le Cerf, 2001.

LEVINE, Lee I., MAZAR, Amihai (éd.), *The Controversy over the Historicity of the Bible,* Jérusalem, 2001 (en hébreu).

LIFSCHITZ, Oded, *The Fall and the Rise of Jerusalem : Jerusalem under Babylonian Rule,* Winona Lake, Indiana, 2005.

MILLER, J. Maxwell, « Is it possible to write a history of Israel without relying on the Hebrew Bible ? », *in* D.V. Edelman (éd.), *The Fabric of History : Text, Artifact and Israel's Past,* JSOTSup 127, Sheffield, 1991, pp. 93-102.

NA'AMAN, Nadav, *Ancient Israel and its Neighbors : Interaction and Counteraction : Collected Essays,* Winona Lake, Indiana, 2005.

–, *Canaan in the Second Millennium B.C.E.*, Winona Lake, Indiana, 2005.

–, *Ancient Israel's History and Historiography : The First Temple Period,* Winona Lake, Indiana, 2006.

NA'AMAN, Nadav, et FINKELSTEIN, Israel, *From Nomadism to Monarchy*, Jérusalem et Washington, 1994.

NOLL, K.L., « Is the Book of Kings Deuteronomistic ? And is it a History ? », *Scandinavian Journal of the Old Testament,* vol. 21, n° 1, 2007, pp. 49-72.

NOTH Martin, *The Deuteronomistic History,* traduit de l'allemand (1957), JSOT Press, Sheffield, 1981.

PELIKAN, Jaroslav, *Whose Bible is it ? : A History of the Scriptures through the Ages,* Penguin Books, 2005.

PELTONEN, Kai, *History Debated : The Historical Reliability of Chronicles in Pre-Critical and Critical Research* (I-II), Göttingen, 1996.

PERSON, F. Raymond, *The Deuteronomic School : History, Social Setting and Literature*, Atlanta, 2002.

PURY, A. de, RÖMER, T., et MACCHI, J.D. (éd.), *Israël construit son histoire. L'historiographie deutéronomiste à la lumière de recherches récentes*, Labor et Fides, Genève, 1996.

ROFÉ, Alexander, *Introduction to the Literature of the Hebrew Bible*, Jérusalem, 2006 (en hébreu).

ROGERSON, John W., *Old Testament Criticism in the 19th Century : England and Germany*, Londres, 1984.

RÖMER, Thomas, *The So-Called Deuteronomistic History : A Sociological, Historical and Literary Introduction*, Londres, 2006.

–, (éd.), *The Future of Deuteronomistic History*, Louvain, 2000.

SASS, Benjamin, *The Alphabet at the Turn of the Millennium : the West Semitic Alphabet, ca.1150-850 BCE*, Tel-Aviv, 2005.

SAYCE, A.H., *The « Higher Criticism » and the Verdict of the Monuments*, Londres, 1894.

SCHNIEDEWIND, William M., *How the Bible Became a Book : The Textualization of Ancient Israel*, Cambridge University Press, 2004.

SHAVIT, Yaacov, et ERAN, Mordechai, *The Hebrew Bible Reborn : From Holy Scripture to the Book of Books*, Berlin-New York, 2007.

TADMOR, Hayim, *Assyria, Babylonia and Judah : Studies in the History of the Ancient Near East*, Jérusalem, 2006.

THOMPSON, Thomas L., *Early History of the Israelite People : From the Written and Archaeological Sources*, Leyde, 1992.

TOV, Emmanuel, *Textual Criticism of the Hebrew Bible*, Minneapolis, 2001 (2e éd.).

–, « Implications of Qumran Finds for the Literary Analysis of Hebrew Scripture », *Meghillot Studies in the Dead Sea Scrolls*, III, 2005, pp. 191-204 (en hébreu).

VAN DER TOORN, Karel, *Scribal Culture and the Making of the Hebrew Bible*, Harvard University Press, Cambridge, Mass., 2007.

VAN Seters, John, *The Edited Bible : the Curious History of the « Editor » in Biblical Criticism*, Winona Lake, Indiana, 2006.

VRIEZEN, T.C, et VAN DER WOUDE, A.S., *Ancient Israelite and Early Jewish Literature*, traduit par Brian Doyle, Leyde, 2005.

WHITELAM, Keith W., *The Invention of Ancient Israel : The Silencing of Palestinian History*, Londres et New York, 1996.

WRIGHT, Jacob L., *Rebuilding Identity : The Nehemiah-Memoir and its Earliest Readers*, Berlin, 2004.

YOUNG, Ian M., « Israelite Literacy : Interpreting the Evidence », I-II *Vetus Testamentum* 48 (1998), pp. 239-253, 408-422.

TABLE

DU MÊME AUTEUR

(sélection)

Athens in Jérusalem
Londres-Portland, 1997

Tel Aviv :
naissance d'une ville
1909-1936
Albin Michel, 2004

The Hebrew Bible Reborn :
From Holy Scripture to the Book of Books
Berlin-New York, 2007

DANS LA MÊME COLLECTION

Derniers parus

Grand format

Armand Abécassis, *Les Temps du partage, I, Les fêtes juives de Pessah à Tich'a Be'ab.*

–, *Les Temps du partage, II, Les fêtes juives de Roch Hachana à Pourim.*

Ami Bouganim, *Walter Benjamin, le rêve de vivre.*

Schlomo Deshen, *Les Gens du Mellah. La vie juive au Maroc à l'époque précoloniale.*

Josy Eisenberg et Benjamin Gross, *Le Testament de Moïse (À Bible ouverte VI).*

Arieh Eckstein, *Tante Esther.*

Emil L. Fackenheim, *Judaïsme au présent.*

Jacob Gordin, *Écrits. Le renouveau de la pensée juive en France.*

Benjamin Gross, *Le Messianisme juif.*

–, *Que la Lumière soit. « Nér Mitsva ». La flamme de la mitsva, du Maharal de Prague.*

–, *Les Lumières du retour. « Orot ha Teshuva » du Rav Kook.*

–, *L'Aventure du langage. L'alliance de la parole dans la pensée juive.*

–, *Un monde inachevé. Pour une liberté responsable*

Emmanuel Lévinas, *Difficile Liberté* (4e éd.).

David Malki, *Le Talmud et ses maîtres* (rééd.).

Olivier Mannoni, *Manès Sperber. L'espoir tragique.*

Alexandre Safran, *Éthique juive et modernité.*

David Shapira, *Jacob Kaplan, un rabbin témoin du XXe siècle.*

Jo Testyler, *Les Enfants de Slawkow, une jeunesse dans les camps nazis.*

Jean Vassal, *Les Églises, diaspora d'Israël ?*

Adin Steinsaltz, *Le Maître de prière. Six contes de rabbi Nahman de Braslav.*

–, *Les Juifs et leur avenir.*

Colloques des intellectuels juifs de langue française :

Le Temps désorienté.

L'Idée d'humanité.

Le Corps.

Difficile Justice. Dans la trace d'Emmanuel Lévinas.

Comment vivre ensemble ?

La Responsabilité. Utopie et réalités.

Éthique du jubilé. Vers une réparation du monde ?

Colloque du Centre international de recherches sur les Juifs du Maroc : *Monothéismes et tolérance.*

Petit format

Jean Baumgarten, *Le Yiddish, histoire d'une langue errante.*

Doris Bensimon, *Les Juifs dans le monde au tournant du XXIe siècle.*

Jean Blot, *Albert Cohen ou Solal dans le siècle.*

Alain Boyer, *Théodore Herzl.*

Catherine Chalier, *Lévinas, l'utopie de l'humain.*

Denis Charbit, *Qu'est-ce que le sionisme ?*

Nadine Perront, *Être juif en Chine. L'histoire extraordinaire des communautés de Kaifeng et de Shanghai.*

Gilbert Dahan, *La Polémique chrétienne contre le judaïsme au Moyen Âge.*

Roland Goetschel, *Isaac Abravanel, conseiller des princes et philosophe.*

Ernest Gugenheim, *Le Judaïsme dans la vie quotidienne.*

Danièle Iancu, *Être juif en Provence au temps du roi René.*

Mireille Hadas-Lebel, *L'Hébreu : trois mille ans d'histoire.*

–, *Massada, histoire et symbole.*

–, *Hillel, un sage au temps de Jésus.*

Masha Itzhaki, *Juda Halévi. D'Espagne à Jérusalem.*

Edward K. Kaplan, *Abraham Heschel, un prophète pour notre temps.*

Philippe E. Landau, *L'Opinion juive et l'affaire Dreyfus.*

Béatrice Leroy, *Les Juifs dans l'Espagne chrétienne avant 1492.*

Henry Méchoulan, *Être juif à Amsterdam au temps de Spinoza.*

–, *Les Juifs du silence au Siècle d'or espagnol.*

Simon-Claude Mimouni, *Les Chrétiens d'origine juive dans l'Antiquité.*

René Moulinas, *Les Juifs du Pape.*

Gérard Nahon, *La Terre sainte au temps des kabbalistes.*

Renée Neher-Bernheim, *Jérusalem, trois millénaires d'histoire.*

Béatrice Philippe, *Les Juifs à Paris à la Belle Époque.*

Simon Schwarzfuchs, *Rachi de Troyes.*

–, *Les Juifs au temps des croisades en Occident et en Terre sainte.*

David Sorkin, *Moïse Mendelssohn, un penseur juif à l'ère des Lumières.*

Jacques Taïeb, *Être juif au Maghreb à la veille de la colonisation.*

Emanuela Trevisan-Semi, *Les Caraïtes.*

Pamela Vermes, *Martin Buber.*

Composition Nord Compo
Impression CPI Bussière en avril 2009
à Saint-Amand-Montrond (Cher)
Éditions Albin Michel
22, rue Huyghens, 75014 Paris
www.albin-michel.fr
ISBN : 978-2-226-19114-4
ISSN : 1773-6765
N° d'édition : 25816. – N° d'impression : 091138/1.
Dépôt légal : mai 2009.
Imprimé en France.